COURS ÉLÉMENTAIRE

DE

GÉOGRAPHIE

POUR

L'ENSEIGNEMENT PRIMAIRE

RÉDIGÉ

D'APRÈS LES DERNIERS PROGRAMMES OFFICIELS

A L'USAGE

DES ÉCOLES CHRÉTIENNES

PAR F. I. C.

NOUVELLE ÉDITION

Avec 24 cartes ou figures reproduisant les détails du texte.

CHEZ LES ÉDITEURS

TOURS
ALFRED MAME ET FILS
Imprimeurs-Libraires.

PARIS
POUSSIELGUE FRÈRES
Rue Cassette, 27.

COURS ÉLÉMENTAIRE

DE

GÉOGRAPHIE

Tout Exemplaire qui ne sera pas revêtu des trois signatures ci-dessous sera réputé contrefait.

Les Editeurs,

COURS ÉLÉMENTAIRE

DE

GÉOGRAPHIE

POUR

L'ENSEIGNEMENT PRIMAIRE

RÉDIGÉ

D'APRÈS LES DERNIERS PROGRAMMES OFFICIELS

A L'USAGE

DES ÉCOLES CHRÉTIENNES

PAR F. I. C.

NOUVELLE ÉDITION

Avec 24 cartes ou figures reproduisant les détails du texte.

CHEZ LES ÉDITEURS

TOURS	PARIS
ALFRED MAME ET FILS	POUSSIELGUE FRÈRES
Imprimeurs-Libraires.	Rue Cassette, 27.

1876

COURS ÉLÉMENTAIRE

DE

GÉOGRAPHIE

Ire PARTIE

EXERCICES DE GÉOGRAPHIE LOCALE

Nota. On mettra successivement sous les yeux des élèves le plan de l'école, de la commune, la carte du canton, de l'arrondissement, du département. (Voir *Méthodologie*, p. 5.)

Orientation.

1. *Quelle localité habitons-nous*[1] *?*
Nous habitons...

2. *Montrez et dites de quel côté de notre localité le soleil se lève.*

. . . . [2] — Le soleil se lève du côté du *levant*, appelé aussi l'*est*.

3. *Qu'est-ce que l'est ou le levant?*
C'est le côté où le soleil se lève.

---

[1] Les élèves répondront de vive voix à ces questions. Le maître donnera la réponse préalablement s'il en est besoin.

[2] On montrera le levant de la main droite et le couchant de la main gauche, en désignant une localité voisine située dans chaque direction.

4. *Montrez et dites de quel côté le soleil se couche.*

. . . . — Le soleil se couche du côté du *couchant*, appelé aussi l'*ouest*.

5. *Qu'est-ce que l'ouest ou le couchant?*
C'est le côté où le soleil se couche.

6. *Montrez et nommez le côté où le soleil se trouve à l'heure de midi.*

. . . . — A l'heure de midi, le soleil se trouve du côté du *midi*, appelé aussi le *sud*.

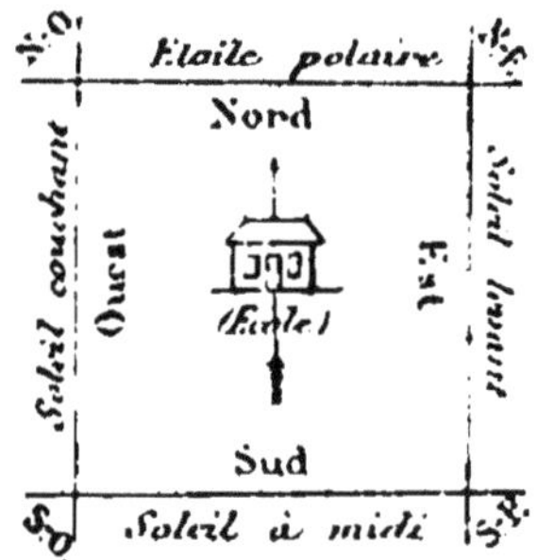

Orientation pendant le jour.

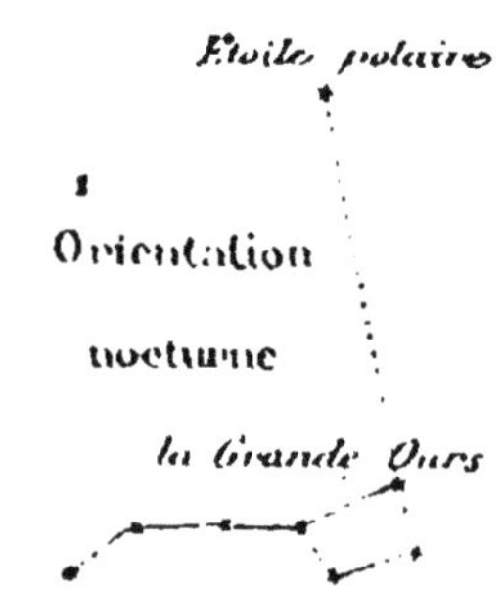

Orientation pendant la nuit.

7. *Qu'est-ce que le midi ou le sud?*
C'est le côté où le soleil se trouve à l'heure de midi.

8. *Montrez et nommez le côté opposé au midi.*

. . . . — Le côté opposé au midi est le *nord*.

9. *Quelles étoiles peut-on observer au nord?*
Au nord on peut observer l'*étoile polaire* et les étoiles de la Grande-Ourse.

10. *Qu'est-ce que le nord?*
C'est le côté où se trouve l'étoile polaire. Il est opposé au midi.

11. *En résumé, dites quels sont les quatre points cardinaux de l'horizon.*

Les quatre points cardinaux de l'horizon sont :

— Le LEVANT, appelé encore *est* ou *orient.*

— Le COUCHANT, appelé encore *ouest* ou *occident.*

— Le MIDI, appelé aussi le *sud.*

— Le NORD, appelé aussi le *septentrion,* à cause des *sept* étoiles de la Grande-Ourse.

12. *Quels sont les points intermédiaires placés entre les points cardinaux?*

Ce sont : le *nord-est,* situé entre le N. et l'E.;
le *sud-est,* situé entre le S. et l'E.;
le *sud-ouest,* situé entre le S. et l'O.;
le *nord-ouest,* situé entre le N. et l'O.

13. *Qu'est-ce que s'orienter?*

S'orienter, c'est reconnaître la direction de l'orient et des autres points cardinaux.

14. *Quels sont les moyens de s'orienter?*

On s'oriente, pendant le jour, au moyen du Soleil; pendant la nuit, au moyen de l'étoile polaire, et en tout temps, au moyen de la boussole.

15. *Comment faut-il se placer pour s'orienter?*

Pour s'orienter, il faut se placer de manière à avoir le côté droit tourné vers le lieu du soleil levant : alors on a l'est ou *orient* à droite, l'ouest à gauche, le nord en face, et le sud derrière soi[1].

16. *Qu'est-ce que la boussole?*

La boussole est une aiguille aimantée qui se tourne toujours du côté du nord.

---

[1] On obtient ce résultat, le matin, en tournant le côté droit au soleil; le soir, le côté gauche; à midi, en lui tournant le dos; la nuit, en regardant l'étoile polaire.

17. *Quel service rend la boussole?*

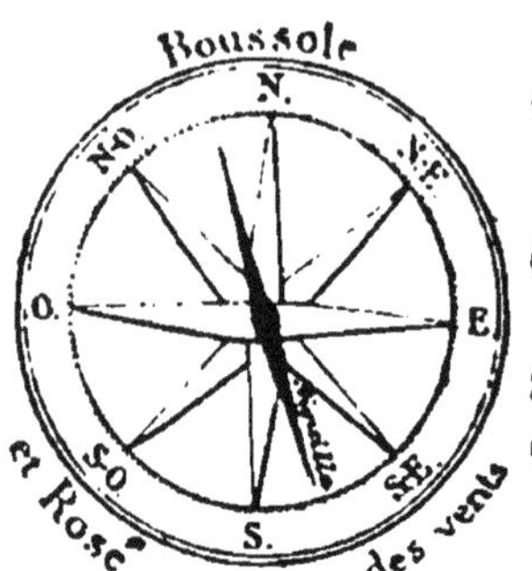

La boussole sert surtout à diriger le navigateur sur mer.

18. *Qu'est-ce que la rose des vents?*

C'est une figure qui représente les points cardinaux dans leur position relative.

19. *Comment sont indiqués les quatre points cardinaux au sommet de certains édifices?*

Par deux tiges de fer assemblées en forme de croix et portant aux extrémités les lettres N, S, E, O, qui signifient nord, sud, est, ouest.

20. *Comment est orientée la façade de notre école?...*

21. *Comment sont orientés les autres côtés du bâtiment de l'école?...*

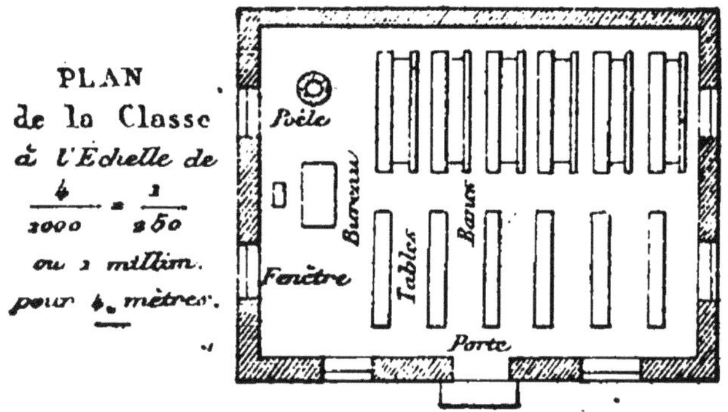

22. *Montrez le plan de l'école et indiquez-en les parties principales* (portes, fenêtres, classes, bancs, etc.).

La Commune; son territoire.

23. *Qu'est-ce que la commune de ?*
C'est une petite partie du territoire français administrée par un maire.

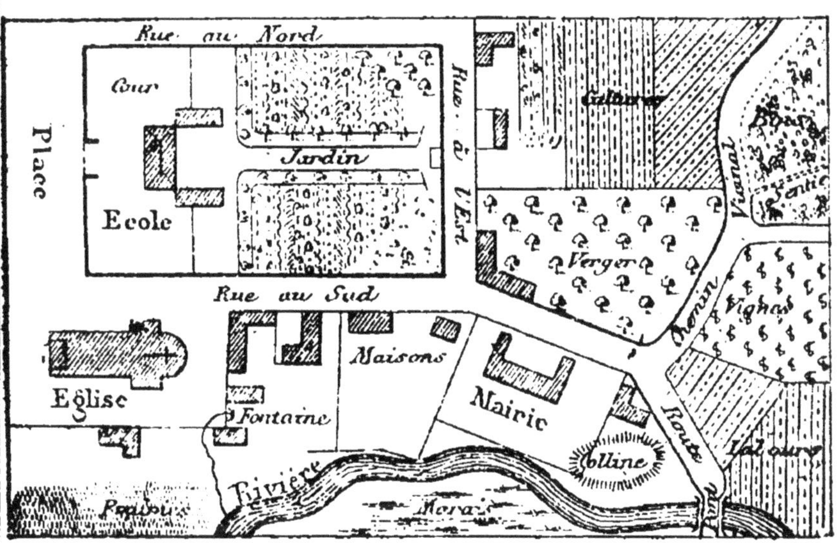

Plan de la commune, — ou les environs d'une école.

24. *Quelles sont les bornes de la commune de , c'est-à-dire quelles sont les communes ou les accidents physiques qui limitent le territoire de notre commune?*

Notre commune de est bornée :

Au N. par[1]

Au S. par

A l'E. par

A l'O. par

---

1 On fera écrire par quelque élève capable le complément de la réponse, en observant la plus grande concision possible.

25. *La commune de forme-t-elle une ville ou un village?*

26. *Nommez les quartiers ou les parties principales de la commune de*

27. *Dans quelle partie de la commune se trouve notre école?*

28. *Citez quelques rues avoisinant l'école.*

29. *Dans quelle direction se trouve l'église, et par quel chemin s'y rend-on?*

30. *Où se trouve la mairie, et par quel chemin y arrive-t-on?*

31. *Indiquez les places publiques de la localité.*

32. *Nommez quelques édifices dans la commune.*

Géographie physique.

33. *Le territoire de la commune est-il tout à fait plat? N'est-il pas montueux, accidenté, plus élevé ou plus bas dans certains endroits?*

34. *Citez les endroits les plus élevés de la commune.*

35. *Citez l'endroit le plus bas du territoire.*

36. *Y a-t-il quelque montagne, colline ou plateau dans la commune?*

37. *Y a-t-il quelque plaine ou vallée dans la commune?*

38. *Citez quelque fleuve, ou rivière, ou ruisseau qui traverse la commune.*

39. *Citez quelque canal, lac, étang, source ou fontaine dans la commune.*

40. *Citez quelques autres accidents géographiques remarquables dans la commune ou dans les environs.*

Industrie et Commerce.

41. *Quels sont les principaux produits agricoles de la commune ou des environs?*

42. *Quels sont les animaux domestiques?*

43. *Quels sont les principaux produits industriels de la commune concernant les aliments, la boisson, le vêtement et le logement?*

44. *Quels sont les produits des carrières, des mines, et des usines qui travaillent les métaux?*

45. *Quels sont les produits qui se rapportent à la littérature, aux sciences et aux arts?*

46. *Quelles sont les rues et les routes qui traversent la commune, et vers quelles localités se dirigent-elles?*

47. *Y a-t-il dans la commune quelque canal, rivière navigable ou chemin de fer?*

Administration communale.

48. *Quelle est la population de la commune de...*

49. *Quelle est sa superficie en hectares?*

50. *Quels sont les administrateurs de la commune?*

M. le maire, MM. les adjoints et les conseillers...

51. *Citez quelques autres fonctionnaires dans la commune.*

52. *Comment et dans quels établissements l'instruction se donne-t-elle, ou quelles sont les écoles de la localité?*

53. *Combien la commune compte-t-elle de paroisses, et quels sont les ministres du culte?*

54. *De quel canton (ecclésiastique) et de quel diocèse notre paroisse fait-elle partie?*

Le Canton et l'Arrondissement.

55. *De quel canton*[1] *notre commune fait-elle partie?*

56. *Quelles sont les bornes de ce canton?*

57. *Nommez quelques communes de ce canton.*

58. *De quel arrondissement notre canton de... fait-il partie?*

59. *Quelles sont les bornes de cet arrondissement?*

60. *Quels sont les cantons de cet arrondissement?*

61. *Comment appelle-t-on l'administrateur de l'arrondissement?*
On l'appelle M.

---

[1] Quelques communes font exception à l'organisation générale et sont elles-mêmes subdivisées en cantons (les grandes villes) et même en arrondissements (Paris, Lyon).

62. *Comment appelle-t-on la ville où réside le sous-préfet?*
C'est la sous-préfecture.

Le Département.

63. *De quel département notre arrondissement fait-il partie?*

64. *Quelles sont les bornes de ce département?*

65. *Quels sont les autres arrondissements du département?*

66. *Comment appelle-t-on l'administrateur d'un département?*
M. le Préfet.

67. *Comment appelle-t-on la ville où réside le préfet?*
La préfecture ou le chef-lieu du département.

68. *Quelle est la population du département de...?*

69. *Combien de communes compte-t-on dans le département?*

70. *Quelles sont les villes principales du département?*

71. *Combien y a-t-il de départements dans toute la France?*

La France compte 86 départements.

72. *Quelle est la population de la France?*

La population de la France est de 36,000,000 d'habitants.

73. *Quelle est la capitale de la France?*

La capitale de la France est Paris.

IIe PARTIE

NOMENCLATURE GÉOGRAPHIQUE

—

Définitions générales.

1. *Qu'est-ce que la* Géographie?

La Géographie est la description de la surface de la Terre.

2. *Comment se divise la géographie en général?*

La géographie se divise en *géographie physique* et *géographie politique.*

3. *Qu'est-ce que la* géographie physique?

La géographie physique est la description du sol et des accidents naturels.

4. *Qu'est-ce que la* géographie politique?

La géographie politique est la description des peuples et des Etats du globe.

5. *La surface de la terre est-elle uniforme?*

La surface de la terre n'est pas uniforme : elle présente un grand nombre d'*accidents géographiques,* tels que l'Océan, les mers, les continents, les montagnes, les fleuves[1].

---

[1] Les accidents géographiques peuvent se classer en quatre sections : 1° *parties de mer :* mers, golfes, détroits; 2° *parties de terre :* continents, îles, caps; 3° parties formant le *relief du sol :* montagnes, plateaux, plaines; 4° *eaux continentales :* bassins, fleuves, rivières, lacs, etc.

§ I. Parties de mer [1].

6. *Qu'est-ce que l'*Océan?

L'*Océan* est l'ensemble des eaux salées qui environnent les terres.

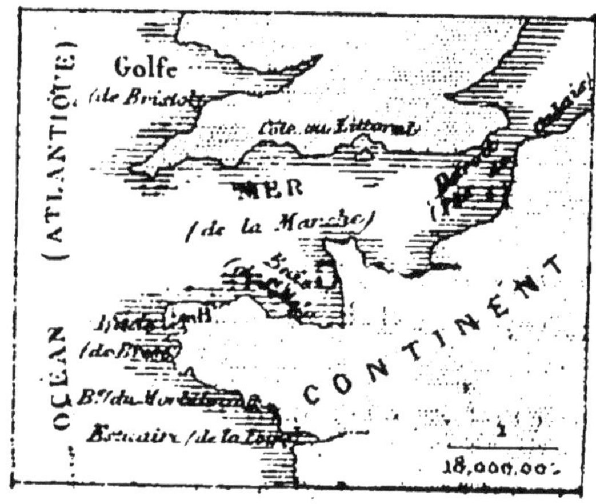

Océan, mer, golfe, baie, détroit.

---

1 DÉTAIL SUR L'OCÉAN

L'Océan a-t-il une grande étendue?

L'Océan est presque trois fois plus étendu que les terres réunies.

Comment peut-on regarder l'Océan?

L'Océan est le réservoir de toutes les eaux que lui apportent les fleuves, et il est l'origine des nuages et des eaux de pluie.

Pourquoi l'Océan ne déborde-t-il pas en recevant tant de grands fleuves?

Parce qu'il perd continuellement une quantité équivalente d'eau qui s'élève en vapeurs et forme les nuages.

Comment se forment les nuages?

Le soleil échauffant les eaux de la mer en transforme une partie en vapeurs. Ces vapeurs, transportées par les vents, deviennent des nuages qui bientôt tombent en pluie ou en neige sur les continents.

A quoi servent les eaux pluviales?

Les eaux pluviales arrosent et fertilisent les terres; elles

7. *Qu'est-ce qu'une* mer[1], *et citez-en un exemple?*

Une *mer* est une partie de l'Océan.

Ex. : la mer Méditerranée, située au sud de l'Europe; — la Manche, entre la France et l'Angleterre.

8. *Qu'est-ce qu'un* golfe?

Un *golfe* est une partie de mer s'avançant dans les terres.

Ex. : le golfe de Gascogne, situé entre la France et l'Espagne; — le golfe de Bristol, en Angleterre.

9. *Qu'est-ce qu'une* baie?

Une *baie* est un petit golfe.

Ex. : la baie de Saint-Malo, au N.-O. de la France.

10. *Qu'est-ce qu'une* rade?

Une *rade* est une partie de mer plus ou moins abritée des vents, où les vaisseaux peuvent tenir à l'ancre.

Ex. : les rades de Brest, de Toulon, etc.

11. *Qu'est-ce qu'un* port?

Un *port* est un endroit du rivage de la mer ou d'un fleuve propre à recevoir les vaisseaux.

Ex. : les ports de Marseille, du Havre, de Rouen.

---

entretiennent la vie des plantes dont les animaux et les hommes se nourrissent.

Comment les eaux de pluie retournent-elles à l'Océan?

Elles y retournent en formant successivement des ruisseaux, des rivières et des fleuves.

Pourquoi les eaux de la mer sont-elles salées et sans cesse agitées?

La salure et l'agitation des eaux de la mer les empêchent de se corrompre.

Quelles sont les principales utilités de l'Océan?

L'Océan fournit à l'homme une grande quantité de poissons, ainsi que le sel marin, ou sel de cuisine. Il facilite les communications entre les continents par le moyen de la navigation à voiles ou à vapeur. Enfin il donne lieu à la formation des pluies.

[1] Règle générale, on citera chaque fois un exemple comme application de la définition qui vient d'être donnée.

12. *Qu'est-ce qu'un* détroit?

Un *détroit* est un bras de mer resserré entre deux terres et qui unit deux mers ou deux parties de mer.

Ex.: le détroit de Gibraltar et le détroit de Bonifacio.

13. *Quels autres noms applique-t-on encore à un détroit?*

Un détroit s'appelle parfois *bosphore, canal, manche, pas, phare.*

Ex. : le Bosphore ou canal de Constantinople, le canal Saint-Georges, la Manche d'Angleterre, le Pas de Calais, le Phare de Messine.

§ II. Parties de terre.

14. *Qu'est-ce qu'un* continent?

Un *continent* est une grande étendue de terre non interrompue par la mer.

Ex. : l'Amérique.

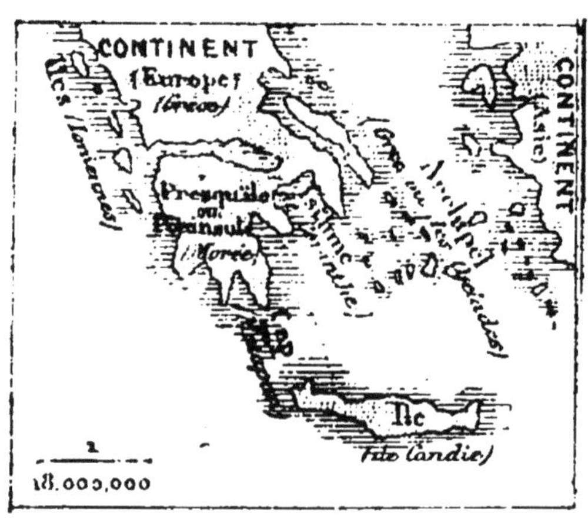

Continent, ile, presqu'île, isthme, cap.

15. *Qu'est-ce qu'une* île?

Une *île* est une terre plus petite qu'un continent, entourée d'eau de tous côtés.

Ex. : la Corse et l'île de Candie, dans la Méditerranée.

16. *Qu'est-ce qu'un* archipel?

Un *archipel* est une réunion d'îles plus ou moins nombreuses.

Ex. : l'archipel Grec, formé des îles de la Grèce.

17. *Qu'est-ce qu'une* presqu'île?

Une *presqu'île*, ou *péninsule*, est une terre entourée d'eau, excepté d'un seul côté.

Ex.: la Crimée, située en Russie, dans la mer Noire; — la Morée, en Grèce.

18. *Qu'est-ce qu'un* isthme?

Un *isthme* est un terrain étroit réunissant deux terres de dimensions plus considérables.

Ex. : l'isthme de Pérécop, qui joint la Crimée à la Russie; — l'isthme de Corinthe, en Grèce.

19. *Qu'est-ce qu'un* cap?

Un *cap* est un avancement de la côte dans la mer.

Ex. : le cap Saint-Matthieu, situé à l'ouest de la Bretagne; — le cap Matapan, au S. de la Morée.

20. *Qu'appelle-t-on* côte?

La *côte* est le rivage ou le bord de la mer.

§ III. Relief du sol [1].

21. *Qu'est-ce qu'une* montagne?

Une *montagne* est une élévation considérable du sol au-dessus des parties environnantes.

Ex. : le mont Blanc, situé dans la Savoie.

---

[1] DÉTAIL SUR LES MONTAGNES

Comment appelle-t-on la partie la plus élevée d'une montagne?
C'est la *cime*, le *sommet* ou la *crête* de la montagne.

Comment appelle-t-on la partie inférieure d'une montagne?
C'est la *base* ou le *pied* de la montagne.

Comment appelle-t-on les côtés de la montagne?
Ce sont les *flancs* ou les *versants* de la montagne.

Comment les diverses montagnes d'une même chaîne sont-elles séparées?
Les diverses montagnes d'une même chaîne sont séparées

22. *Qu'entend-on par* altitude?

L'*altitude* d'une montagne, ou d'un point quelconque du sol, est sa hauteur au-dessus du niveau de la mer.

Ex. : l'altitude du mont Blanc est de 4.810 mèt.

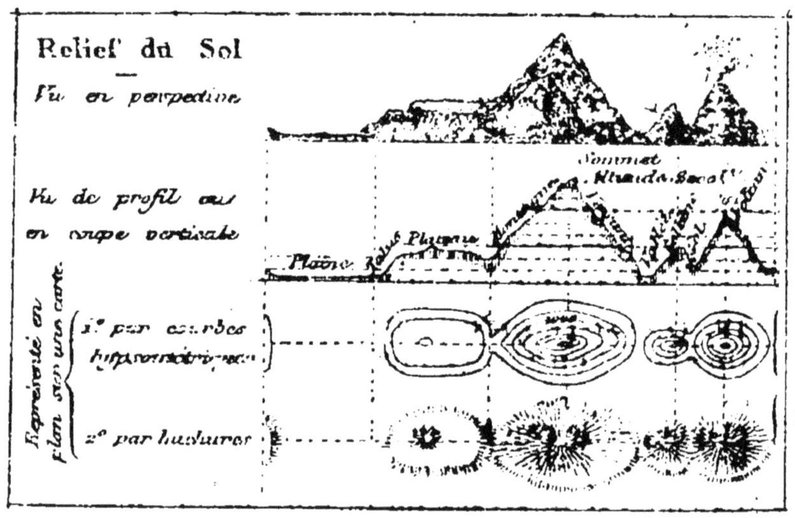

Montagne, colline, volcan, plateau, plaine.

23. *Qu'est-ce qu'une* chaîne de montagnes?

Une *chaîne de montagnes* est un ensemble de montagnes qui se touchent par la base.

Ex. : les Alpes, à l'est de la France, et les Pyrénées, au sud.

---

par des *vallées,* des *vallons* ou des *ravins,* des *gorges* ou des *défilés,* qui sont plus ou moins étroits et profonds.

Comment les sommets d'une même montagne sont-ils séparés?

Les sommets d'une même montagne sont séparés par des *cols,* qui sont les parties les moins élevées de la crête.

A quoi servent les cols dans les montagnes?

C'est par les *cols* que l'on franchit les montagnes, en y traçant des sentiers ou des routes; comme, par exemple, le col du Mont-Cenis, qui traverse les Alpes.

De quoi sont recouvertes les montagnes?

Les montagnes sont souvent recouvertes de pâturages, de

24. Comment désigne-t-on parfois une petite montagne?

Une petite montagne s'appelle *colline, butte, coteau, monticule,* etc.

Ex. : la butte Montmartre, située dans Paris ; elle a 136 mètres d'altitude.

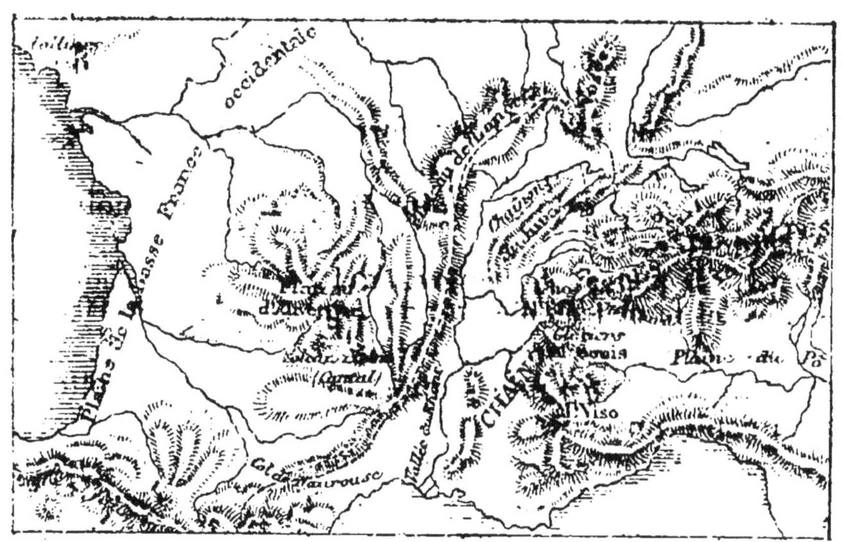

Montagnes, chaînes et systèmes de montagnes.

---

forêts, de rochers, et même de glaciers quand elles sont très-élevées.

Comment utilise-t-on les pâturages des montagnes?

En y conduisant les troupeaux en été.

Que nous fournissent les forêts?

Les forêts nous donnent les bois de construction et de chauffage.

Qu'appelle-t-on glaciers?

Les glaciers sont de grands amas de neige durcie qui couvrent les plus hautes montagnes.

A quoi servent les glaciers?

En été, les glaciers fondent en partie et alimentent abondamment les sources des fleuves.

Quelle est l'utilité générale des montagnes et du relief du sol?

Les montagnes, par leur climat relativement froid, arrêtent les nuages et les font tomber en pluies qui fertilisent les terres. Le relief du sol ou les inégalités du terrain donnent les pentes nécessaires pour que les eaux redescendent ensuite vers la mer.

25. *Qu'est-ce qu'un* volcan?

Un *volcan* est généralement une montagne qui vomit par un *cratère* des tourbillons de flammes, des laves et autres matières embrasées.

Ex. : le Vésuve, situé en Italie.

26. *Qu'est-ce qu'une* plaine?

Une *plaine* est un terrain plat ou sensiblement de même niveau, qui a généralement moins de 300 mètres d'altitude.

Ex. : les plaines de la Flandre et de la Champagne.

27. *Qu'est-ce qu'un* plateau?

Un *plateau* est une plaine élevée, plus ou moins accidentée.

Ex. : le plateau de Langres, qui a 400 mètres d'altitude, et le plateau d'Auvergne, qui en a plus de 800.

28. *Qu'est-ce qu'une* vallée?

Une *vallée* est une plaine plus ou moins étroite où coule un cours d'eau.

Ex. : la vallée du Rhône, depuis Lyon jusqu'à la Méditerranée.

§ IV. Eaux continentales[1].

29. *Qu'entend-on par* bassin?

Le *bassin d'une mer* ou *d'un fleuve* est l'ensemble des terres dont les eaux se rendent dans cette mer ou dans ce fleuve.

Ex. : le bassin de la Manche; — le bassin de la Seine.

---

[1] EXPLICATION DES BASSINS PAR UNE COMPARAISON

Lorsqu'il pleut sur un toit, comment s'écoulent les eaux?

Les eaux de pluie descendent dans les cheneaux qui sont au bas du toit.

Pourquoi cela?

Parce que l'eau tend toujours à descendre vers le point le plus bas.

30. *Qu'entend-on par* versant?

Un *versant* est une partie de bassin.

Ex. : le versant français de la Manche ; — le versant de la rive droite de la Seine.

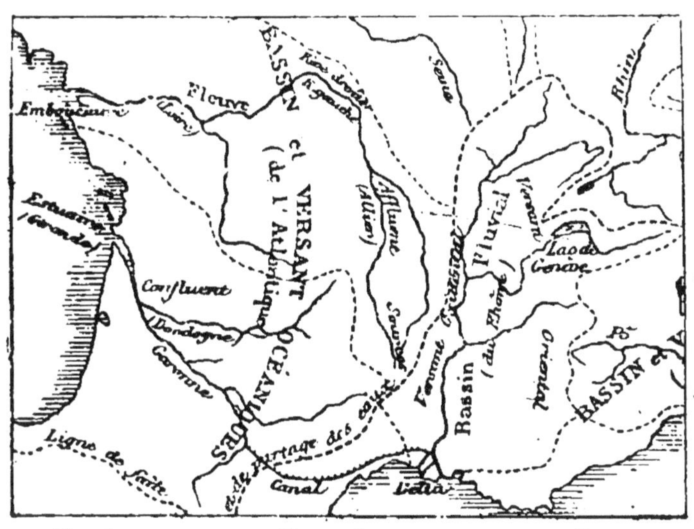

Bassins, versants, ligne de partage, cours d'eau.

31. *Qu'entend-on par* ligne de partage des eaux?

Une *ligne de partage des eaux* est la ligne de séparation de deux bassins.

Ex. : les monts Cévennes forment la ligne de partage des bassins du Rhône et de la Garonne.

Comment appelle-t-on la partie la plus élevée d'un toit?

C'est le faîte ou le faîtage du toit.

Comment s'appelle la partie du toit comprise entre le faîte et un cheneau?

C'est un des versants du toit. Un toit a ordinairement deux versants séparés par le faîtage.

Quel effet la ligne de faîtage produit-elle sur les eaux qui tombent du ciel?

La ligne de faîte partage les eaux en deux parties dont chacune suit un des versants du toit.

Pour cette raison, comment peut-on encore appeler la ligne de faîte?

On peut l'appeler ligne de partage des eaux.

32. *Qu'est-ce qu'un* fleuve?

Un *fleuve* est un cours d'eau considérable qui se rend dans la mer.

Ex. : la Seine, — la Loire.

33. *Qu'est-ce qu'une* rivière?

Une *rivière* est un cours d'eau moins considérable qu'un fleuve.

Qu'est-ce qu'un ruisseau?

Un *ruisseau* est un cours d'eau moins considérable qu'une rivière.

34. *Qu'est-ce qu'un* torrent?

Un *torrent* est un cours d'eau rapide et momen-

Lorsqu'il pleut sur une montagne ou dans les champs, comment es eaux s'écoulent-elles?

Les eaux se séparent d'abord au sommet de la montagne, ou sur la ligne des points les plus élevés du sol (*ligne de partage*); puis elles coulent dans plusieurs directions, suivant les versants ou les pentes du terrain.

Où les eaux courantes se réunissent-elles ensuite?

Elles se réunissent dans les fonds ou les vallées, et elles se jettent enfin dans quelque ruisseau ou rivière.

Où se rendent les eaux des ruisseaux?

Elles se rendent dans les rivières.

Où se rendent les eaux des rivières?

Elles se rendent ordinairement dans les fleuves.

Et les fleuves, où aboutissent-ils?

Ils se déversent dans la mer ou l'Océan.

Que forment les terres dont les eaux se rendent dans une rivière ou dans un fleuve?

Elles forment le *bassin* de cette rivière ou de ce fleuve.

Comment peut-on diviser le bassin d'une rivière ou d'un fleuve?

On peut le diviser en deux *versants*, l'un de droite, l'autre de gauche.

Comment peut-on diviser le bassin d'une mer?

Un bassin maritime peut se diviser en autant de *bassins fluviaux* qu'il contient de fleuves, ou autant de *versants* qu'il y a de pays environnant la mer.

Citez-en quelques exemples.

Le bassin de la Manche comprend un versant français et un versant anglais; il renferme les bassins de la Seine, de la Somme, etc.

tané, produit, dans les pays montagneux, par une pluie abondante ou par la fonte des neiges.

35. *Qu'appelle-t-on* affluent?

Un *affluent* est un cours d'eau qui se jette dans un autre.

Ex. : la Saône est un affluent du Rhône.

36. *Qu'appelle-t-on* confluent?

Un *confluent* est l'endroit où deux cours d'eau se réunissent.

Ex. : Lyon est situé au confluent de la Saône et du Rhône.

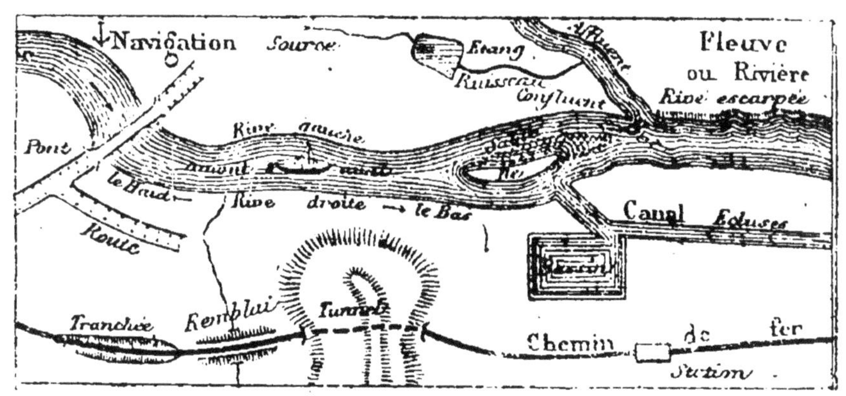

Fleuve, rivière, ruisseau, affluent, confluent, source, rives, canal, écluse. — Route et chemin de fer.

37. *Qu'appelle-t-on* source *et* embouchure *d'un cours d'eau?*

La *source* est l'endroit où un cours d'eau commence; — l'*embouchure* est l'endroit où un cours d'eau se jette dans la mer ou dans un fleuve.

Ex. : la Seine a sa source dans la Côte-d'Or, et son embouchure dans la Manche.

38. *Qu'appelle-t-on le* haut *et le* bas *d'un cours d'eau?*

Le *haut* ou l'*amont* d'un cours d'eau, en un point quelconque, est la partie située vers sa source ou à l'opposé du courant; — le *bas* ou l'*aval* d'un cours d'eau est la partie située vers l'embouchure ou dans le sens du courant.

39. *Qu'entend-on par* rive droite *et* rive gauche?

La *rive droite* et la *rive gauche* d'un cours d'eau sont les terrains situés à la droite ou à la gauche d'une personne qui se trouverait en bateau, le visage tourné dans le sens du courant.

40. *Qu'est-ce que le* lit *d'un cours d'eau?*

Le *lit* d'un cours d'eau est le creux du sol dans lequel il coule, et où il est maintenu par les deux rives.

41. *Qu'est-ce qu'un* lac?

Un *lac* est une étendue d'eau renfermée dans les terres.

Ex. : le lac de Genève.

Un *étang* est un petit lac.

42. *Qu'est-ce qu'un* canal?

Un canal est une rivière artificielle faite par les hommes pour les besoins de la navigation.

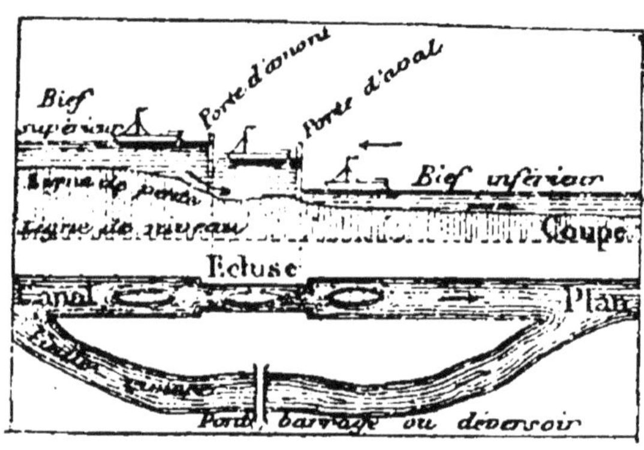

Canal et écluses.

REPRÉSENTATION SUR LES CARTES

Qu'est-ce qu'une carte géographique?

Une carte est une image ou un plan qui représente la Terre ou l'une de ses parties.

Comment représente t-on les montagnes sur une carte?
Par des hachures ou des traits marquant les pentes générales du terrain.

Comment représente-t on les côtes de la mer ou les bords des terres?
Par une ligne continue et sinueuse, souvent accompagnée de petits traits horizontaux qui figurent l'eau.

Comment représente-t-on les rivières?
Par une ligne sinueuse, simple ou double, plus forte à l'embouchure qu'à la source.

Comment représente-t-on les canaux?
Par une ligne brisée, simple ou double, parfois bordée de points ou accompagnée d'une ancre.

Comment sont representés les routes et les chemins de fer?
Par une ligne plus ou moins droite, plus forte pour les chemins de fer que pour les routes ordinaires.

Signes administratifs

Bornes ou limites d'Etats.	*Capitale et chefs-lieux.*
Limites de subdivisions.	*Archevêché, Evêché.*
Grandes villes.	*Justice, Tribunaux.*
Petites villes ou villages.	*Académies, Ecoles.*
Ville fortifiée, Fort.	*Divisions militaires.*
Port, Navigation.	*Bataille gagnée ou perdue.*
Phare, Fanal.	*Postes.*

Comment sont représentées les limites politiques?
Par des lignes formées de points qui figurent les *bornes* de pierre placées sur les limites; souvent aussi par de petits traits.

Comment figure-t on les positions des villes?
Par de petits ronds, noirs ou blancs, parfois par des carrés de diverses formes et grandeurs.

Comment peut-on indiquer les villes fortes? — Par des ronds entourés de pointes.

— *Les évêchés et les archevêchés?* — Par une croix simple ou double.

— *Les siéges des tribunaux?* — Par une balance.

— *Les chefs-lieux d'académie?* — Par une palme.

— *Les divisions militaires?* — Par de petits drapeaux.

— *Les lieux de bataille?* — Par deux épées croisées.

— *Les bureaux de postes?* — Par un cor de chasse.

— *Les ports et les rivières navigables?* — Par une ancre.

— *Les phares?* — Par une tour surmontée d'une lumière.

IIIe PARTIE

GÉOGRAPHIE NATIONALE

LA FRANCE

SECTION I — GÉOGRAPHIE PHYSIQUE

43. *Qu'est-ce que la* France ?

La France est notre patrie : c'est la contrée que nous habitons et qui nous a vus naître. Elle forme l'un des grands Etats de l'Europe occidentale.

44. *Quelles sont les* bornes *de la France ? Ou quels sont les mers et les pays limitrophes ?*

La France est bornée par cinq parties de mers et par cinq principaux pays :

Au nord-ouest, par la Manche, le Pas de Calais, la mer du Nord ;

Au nord-est, par la Belgique et l'Allemagne ;

A l'est, par l'Allemagne, la Suisse et l'Italie ;

Au sud-est, par la Méditerranée ;

Au sud-ouest, par l'Espagne ;

A l'ouest, par l'océan Atlantique.

45. *Quelles sont les* mers *qui baignent les côtes de la France?*

Les mers qui baignent les côtes de la France sont :

La *mer du Nord,* qui ne touche que les côtes des départements du Nord et du Pas-de-Calais ;

La *Manche,* qui baigne la France au nord-ouest ;

L'*Atlantique*, ou la mer de France, qui la baigne à l'ouest;

La *Méditerranée*, qui la baigne au sud-est.

46. *Quels sont les* golfes *de la France?*

Dans la Manche : les golfes de *Normandie* et de *Saint-Malo*;

Dans l'Atlantique : le *golfe de Gascogne;*

Dans la Méditerranée : le *golfe du Lion.*

47. *Quels sont les* détroits *de la France?*

Le *Pas de Calais*, entre la France et l'Angleterre;

Le *détroit de Bonifacio*, entre la Corse et la Sardaigne.

48. *Quelles sont les principales* îles *de la France?*

Dans l'Atlantique : l'île d'*Ouessant*, *Belle-Ile*, l'île de *Noirmoutier*, l'île d'*Yeu*, les îles de *Ré* et d'*Oleron;*

Dans la Méditerranée, la grande île de *Corse*, qui forme un département.

49. *Quelles sont les* presqu'îles *de la France?*

Le *Cotentin*, ou la presqu'île normande, qui forme en partie le département de la Manche;

La *Bretagne*, à l'ouest de la France.

50. *Quels sont les* caps *de la France?*

Le cap *Gris-Nez*, entre Calais et Boulogne;

Le cap de la *Hague*, au nord du Cotentin;

Le cap *Saint-Matthieu*, à l'ouest du Finistère.

51. *Citez les principales* montagnes *de la France.*

Les *Pyrénées* séparent la France de l'Espagne;

Les *Alpes* séparent la France de l'Italie;

Le *Jura* sépare la France de la Suisse;

Les *Vosges* séparent la France de l'Allemagne;

Les *Cévennes* et les *monts d'Auvergne* sont

situés dans l'intérieur et forment le *Plateau central* de la France.

52. *Quels sont les* versants maritimes *de la France?*

Le territoire français se divise en quatre versants maritimes, faisant partie des bassins des quatre mers qui le baignent. Ce sont :

Au N., le *versant de la mer du Nord;*
Au N.-O., le *versant de la Manche;*
A l'O., le *versant de l'Atlantique ;*
Au S.-E., le *versant de la Méditerranée.*

53. *Quels sont les* fleuves *de la France?*

La *Meuse* et l'*Escaut,* appartenant au versant de la mer du Nord;

La *Seine,* dans le versant de la Manche;

La *Loire* et la *Garonne,* dans le versant de l'Atlantique;

Le *Rhône,* dans le versant de la mer Méditerranée.

54. *Citez quelques* rivières maritimes.

La *Somme* et l'*Orne,* qui s'écoulent dans la Manche;

La *Vilaine*, la *Sèvre-Niortaise*, la *Charente* et l'*Adour,* qui se jettent dans l'Atlantique;

L'*Aude,* l'*Hérault* et le *Var,* qui se jettent dans la Méditerranée.

55. *Décrivez le cours du* Rhin.

Le Rhin prend sa source au massif du Saint-Gothard, dans les Alpes suisses. Il passe à Bâle et près de Strasbourg, baigne Mayence, Coblentz et Cologne, et va se jeter dans la mer du Nord en Hollande.

Le Rhin n'arrose plus le territoire français depuis la perte de l'Alsace; mais il reçoit, à gauche, la *Moselle,* grossie de la *Meurthe,* traversant nos départements des Vosges et de Meurthe-et-Moselle.

56. *Décrivez le cours de la* **Meuse**.

La Meuse prend sa source près de Bourbonne-les-Bains, au plateau de Langres. Elle traverse 4 *départements :* Haute-Marne, Vosges, Meuse et Ardennes.

La Meuse arrose en France Verdun, Sedan et Mézières; — en Belgique, elle baigne Namur et Liége; — en Hollande, elle se jette dans la mer du Nord.

57. *Décrivez le cours de l'***Escaut**.

L'Escaut prend sa source au plateau de Saint-Quentin. Il traverse 2 *départements :* Aisne et Nord.

L'Escaut arrose, en France, Cambrai; en Belgique, Gand et Anvers, et il se jette, en Hollande, dans la mer du Nord.

58. *Décrivez le cours de la* **Seine**.

La Seine prend sa source près du mont Asselot, dans la Côte-d'Or. Elle arrose 9 *départements :* Côte-d'Or, Aube, Marne, Seine-et-Marne, Seine-et-Oise, Seine (Seine-et-Oise), Eure, Seine-Inférieure, Calvados, et se jette dans la Manche.

La Seine baigne Troyes, Melun, Paris, Rouen et le Havre.

AFFLUENTS. — La Seine reçoit : à DROITE, l'*Aube,* la *Marne* et l'*Oise,* grossie de l'*Aisne;* — à GAUCHE, l'*Yonne* et l'*Eure.*

59. *Décrivez le cours de la* **Loire**.

La Loire prend sa source au mont Gerbier-des-Joncs, dans les Cévennes. Elle traverse ou touche 12 *départements :* Ardèche, Haute-Loire, Loire, Saône-et-Loire, Nièvre, Allier, Cher, Loiret, Loir-et-Cher, Indre-et-Loire, Maine-et-Loire, Loire-Inférieure. Elle se jette dans l'Atlantique.

La Loire passe non loin de Saint-Etienne; elle baigne Nevers, Orléans, Blois, Tours et Nantes.

AFFLUENTS. — La Loire reçoit : à DROITE, la

Nièvre, la *Maine*, formée par la réunion de la *Mayenne* et de la *Sarthe*, grossie du *Loir*; — à GAUCHE, l'*Allier*, le *Loiret*, le *Cher*, l'*Indre*, la *Vienne* grossie de la *Creuse*, et la *Sèvre-Nantaise*.

60. *Décrivez le cours de la* **Garonne**.

La Garonne prend sa source au val d'Aran, dans les Pyrénées espagnoles. Elle arrose 5 *départements :* Haute-Garonne, Tarn-et-Garonne, Lot-et-Garonne, Gironde et Charente-Inférieure. Elle se jette dans l'Atlantique.

La Garonne baigne Toulouse, Agen et Bordeaux.

AFFLUENTS. — La Garonne reçoit : à DROITE, l'*Ariége*, le *Tarn* grossi de l'*Aveyron*, le *Lot*, la *Dordogne* grossie de la *Vézère*, où afflue la *Corrèze*; — à GAUCHE, le *Gers*.

61. *Décrivez le cours du* **Rhône**.

Le Rhône sort des glaciers du Saint-Gothard, dans les Alpes suisses. Il limite 11 *départements :* à droite, l'Ain, le Rhône, la Loire, l'Ardèche, le Gard; — à gauche, la Haute-Savoie, la Savoie, l'Isère, la Drôme, Vaucluse et les Bouches-du-Rhône.

Le Rhône arrose Lyon, Vienne, Valence, Avignon et Arles.

AFFLUENTS. — Le Rhône reçoit : à DROITE, l'*Ain*, la *Saône* grossie du *Doubs*, l'*Ardèche* et le *Gard* : — à GAUCHE, l'*Isère*, la *Drôme* et la *Durance*.

62. *Quels sont les* lacs *de la France?*

Les principaux lacs sont le *Léman* ou *lac de Genève*, qui appartient à la France et à la Suisse : les lacs d'*Annecy* et du *Bourget*, situés en Savoie.

SECTION II — GÉOGRAPHIE POLITIQUE

63. *Quelle est la* population *de la France?*

La France a 36,000,000 d'habitants, sans compter la population des colonies, qui est d'environ 5,000,000 d'habitants.

64. *Quelle est la* superficie *de la France?*

La superficie de la France est de 530,000 kilomètres carrés. C'est l'un des plus grands États de l'Europe.

65. *A quelle* famille *de peuples appartiennent les Français?*

Les Français appartiennent à la famille *latine*, qui comprend aussi les Espagnols, les Portugais, les Italiens. — La *langue française* est l'une des plus répandues en Europe.

66. *Quelle est la* religion *des Français?*

Les Français appartiennent généralement à la religion catholique, dont le chef sur la terre est N. S. P. le Pape, qui réside à Rome.

67. *Quelle est* l'ancienne division *administrative de la France?*

Avant 1789, la France était divisée en 32 provinces plus ou moins étendues.

Administration.

68. *Quelle est la division administrative actuelle de la France?*

La France est actuellement divisée en 86 *départements*.

69. *Comment se subdivisent les* départements?

Chaque département se subdivise en *arrondissements*, en *cantons* et en *communes*.

70. *Qu'est-ce qu'un* département?

Un *département* est une circonscription territoriale administrée par un préfet.

71. *Qu'est-ce qu'un* arrondissement?

Un *arrondissement* est une subdivision de département, ayant un administrateur particulier appelé sous-préfet. L'arrondissement de la préfecture est administré directement par le préfet.

72. *Qu'est-ce qu'un* canton?

Un *canton* est une subdivision d'arrondissement et comprend un certain nombre de communes.

73. *Qu'est-ce qu'une* commune?

Une *commune* est une subdivision territoriale administrée par un maire.

74. *Combien y a-t-il de divisions académiques?*

Pour l'administration de l'instruction publique, la France est divisée en 16 *académies.*

75. *Combien y a-t-il de divisions militaires?*

Le territoire français est divisé en 18 *régions militaires.* — L'Algérie forme une 19e *région.*

76. *Quels sont les cinq* arrondissements maritimes *de la France?*

Les cinq arrondissements maritimes de la France ont pour chefs-lieux les ports militaires de *Cherbourg, Brest, Lorient, Rochefort* et *Toulon.*

77. *Combien y a-t-il de* diocèses *en France?*

Il y a en France 84 *diocèses,* dont 67 évêchés et 17 archevêchés. — L'Algérie et les colonies comptent en outre 5 évêchés et 1 archevêché.

Chemins de fer.

78. *Quels sont les six* grands réseaux *de chemins de fer et les principales lignes qu'ils comprennent?*

1° Le réseau de l'Ouest comprend :

La ligne de *Paris à Brest;*

La ligne de *Paris à Cherbourg;*

La ligne de *Paris à Rouen et au Havre.*

2° Le réseau du NORD comprend :
La ligne de *Paris à Calais ;*
La ligne de *Paris à Lille et à Bruxelles.*

3° Le réseau de l'EST comprend :
La ligne de *Paris à Strasbourg ;*
La ligne de *Paris à Mulhouse.*

4° Le réseau de PARIS-LYON-MÉDITERRANÉE comprend :
La ligne de *Paris à Lyon,* par la Bourgogne ;
La ligne de *Paris à Lyon,* par le Bourbonnais ;
La ligne de *Lyon à la Méditerranée,* ou à Marseille, Toulon et Nice ;

5° Le réseau d'ORLÉANS comprend :
La ligne de *Paris à Nantes ;*
La ligne de *Paris à Bordeaux ;*
La ligne du *Centre,* d'Orléans à Agen.

6° Le réseau du MIDI comprend :
La ligne de *Bordeaux à Toulouse et à Cette ;*
La ligne de *Bordeaux à Bayonne ;*
La ligne de *Narbonne à Perpignan.*

Voies navigables.

79. *Quels sont les* principaux canaux *français ?*

Le canal de *Saint-Quentin* réunit l'Oise à l'Escaut.

Le canal de *Sambre et Oise* fait communiquer la Meuse avec la Seine.

Le canal de la *Marne au Rhin* va d'Épernay à Strasbourg.

Le canal de *Bourgogne* réunit l'Yonne à la Saône.

Le canal du *Nivernais* réunit l'Yonne à la Loire.

Le canal du *Centre* réunit la Loire à la Saône.

Le canal du *Rhône au Rhin.*

Le canal du *Midi,* ou du Languedoc, va de Toulouse à Carcassonne et à Cette.

Le canal de *Nantes à Brest.*

80. *Quels sont les grands* ports marchands?

1° *Sur la mer du Nord*, Dunkerque et Calais;

2° *Sur la Manche,* Boulogne, Dieppe, le Havre, Rouen, Saint-Malo;

3° *Sur l'Océan*, Brest, Nantes et Saint-Nazaire, la Rochelle, Bordeaux, Bayonne;

4° *Sur la Méditerranée,* Cette, Marseille, Toulon et Nice.

Villes principales.

81. *Donnez quelques détails sur les* principales villes *de la France?*

La France a neuf villes dont la population dépasse cent mille âmes.

1° *Paris* (1.825.000 hab.), sur la Seine, capitale de la France, est la première ville de l'Europe pour les sciences, les arts et les monuments, et la seconde pour la population. Les produits de son industrie s'écoulent dans le monde entier, sous le nom d'*articles de Paris.*

2° *Lyon* (323.000 h.), au confluent de la Saône et du Rhône, est le centre de l'industrie de la soie en Europe.

3° *Marseille* (300.000 h.), sur la Méditerranée, est la première ville maritime de la France.

4° *Bordeaux* (200.000 h.), sur la Garonne, est le plus grand entrepôt du commerce des vins.

5° *Lille* (150.000 h.) est, après Paris, notre centre industriel le plus important.

6° *Toulouse* (125.000 h.), à la jonction de la Garonne et du canal du Midi, est un centre important de commerce pour la région pyrénéenne.

7° *Nantes* (110.000 h.), sur la Loire, a pour avant-port Saint-Nazaire, et fait un grand commerce d'importation et d'exportation.

8° *Saint-Etienne* (105.000 h.) est un grand centre d'industrie houillère et métallurgique.

9° *Rouen* (100.000 h.), sur la Seine, est un

centre très-important pour la fabrication des tissus appelés *rouenneries*.

Colonies françaises.

82. *Quelles sont les* colonies françaises?

Les *colonies françaises* sont :

1° En AFRIQUE, l'Algérie, le Sénégal et le Gabon, la Réunion, Mayotte et ses dépendances;

2° En ASIE, les établissements de l'Inde, ch.-l. Pondichéry, et de la Cochinchine, ch.-l. Saïgon;

3° En OCÉANIE, la Nouvelle-Calédonie, les îles Marquises et Taïti;

4° En AMÉRIQUE, la Guyane française, la Guadeloupe et la Martinique, dans les Antilles; les îles Saint-Pierre et Miquelon, près de Terre-Neuve.

EXERCICES SUR LA FRANCE PHYSIQUE

En consultant la carte, dites :

1. Quelles sont les montagnes de la France situées au N.-E.... au S.-E.... au S.... au Centre...
2. Quelles sont les montagnes ou collines qui forment la ligne de partage du versant de la mer du Nord... de la Manche... de l'Atlantique... de la Méditerranée...
3. Indiquez quelques rivières dont la direction générale est vers le nord... vers le sud... vers l'ouest... vers le nord-ouest...
4. Quels sont les cours d'eau qui descendent des Alpes... du Jura... des Vosges... de la Côte-d'Or... du Plateau central ou des monts d'Auvergne... du Plateau de Langres... des Pyrénées...
5. De quel massif montagneux descend le Rhin... la Seine... l'Isère... la Dordogne... la Saône...
6. Quel cours d'eau passe à Orléans... à Grenoble?... à Poitiers... à Amiens... à Valence... à Carcassonne...
7. Remarquez les rivières et les canaux qui mettent en communication la Seine avec l'Escaut... avec la Meuse... avec le Rhin... avec le Rhône... avec la Loire...; — le Rhône avec la Loire... avec le Rhin... avec la Garonne...
8. Remarquez les cours d'eau et les canaux qui établissent la communication de la mer Méditerranée avec la mer du Nord... avec la Manche... avec l'Océan...; — la Manche avec la mer du Nord... avec l'Océan...

TABLEAU DES DÉPARTEMENTS [1]

§ I. Région du NORD

ILE-DE-FRANCE, cap. Paris ; 5 dép.

1. SEINE, chef-lieu *Paris;* sous-préfectures, Saint-Denis, Sceaux.

2. SEINE-ET-OISE, ch.-l. *Versailles;* s.-pr. Corbeil, Étampes, Mantes, Pontoise, Rambouillet.

3. SEINE-ET-MARNE, ch.-l. *Melun;* s.-pr. Coulommiers, Fontainebleau, Meaux, Provins.

4. OISE, ch.-l. *Beauvais;* s.-pr. Clermont, Compiègne, Senlis.

5. AISNE, ch.-l. *Laon;* s.-pr. Château-Thierry, Saint-Quentin, Soissons, Vervins.

PICARDIE, cap. Amiens; 1 dép.

— SOMME, ch.-l. *Amiens;* s.-pr. Abbeville, Doullens, Montdidier, Péronne.

ARTOIS, cap. Arras; 1 dép.

— PAS-DE-CALAIS, ch.-l. *Arras;* s.-pr. Béthune, Boulogne, Montreuil, Saint-Omer, Saint-Pol.

---

[1] Dans le cas où un département est formé aux dépens de plusieurs provinces, il est attribué à la province qui en a fourni la plus grande partie.

Pour faciliter l'étude de ce tableau, les départements sont groupés en 9 grandes régions, désignées suivant leur orientation par rapport au centre du pays : *régions du* NORD, *du* N.-E., *du* N.-O., *de l'*OUEST, *du* CENTRE, *du* S.-O, *du* SUD, *de l'*EST *et du* S.-E.

En outre, les régions, les provinces et les départements se suivent, autant que possible, dans l'ordre des bassins fluviaux. Il a paru convenable toutefois de commencerpar la région du Nord, qui renferme la capitale de la France.

FRANCE
POLITIQUE
Echelle de 1/8,000,000
DÉPARTEMENTS
Chefs-lieux de Départemts
Initiales des chefs-lieux d'Arrondissements.
(Voir le Cours élémentaire)
Chemins de fer principx
ANGLETERRE
Douvres
Southampton
Portsmouth
MANCHE
OCÉAN ATLANTIQUE
G. de Gascogne
ESPAGNE
C. de la Hague
Jersey
G. de St Malo
I. Ouessant
C. St Matthieu
Belle Ile
Noirmoutier
I. d'Yeu
I. de Ré
La Rochelle
I. d'Oléron
SEINE-INF
CALVADOS
Caen
St Lô
EURE
Evreux
MANCHE
ORNE
Alençon
CÔTES DU NORD
St Brieuc
ILLE-ET-VILAINE
Rennes
MAYENNE
Laval
Le Mans
FINISTÈRE
Quimper
MORBIHAN
Vannes
SARTHE
LOIRE-INF.
Nantes
MAINE-ET-LOIRE
Angers
Tours
INDRE-ET-LOIRE
VENDÉE
la Roche s-Yon
DEUX SÈVRES
Niort
VIENNE
Poitiers
CHARENTE
Angoulême
CHARENTE INFRE
Hte VIENNE
Périgueux
DORDOGNE
Bordeaux
GIRONDE
LOT-ET-GARONNE
Agen
LANDES
Mont de Marsan
GERS
Auch
Bs PYRENÉES
Pau
HAUTES PYRENÉES
Tarbes
GARONNE
Toulouse

FRANCE PHYSIQUE

Echelle de : $\frac{1}{8,000,000}$

Bassins ou Versants

- de la Mer du Nord
- de la Manche
- de l'Atlantique
- de la Méditerranée
- --- Lignes de partage
- Canaux

Cours d'eau, Montagnes.

Imp. Hernert - P. Dauphine

FRANCE
POLITIQUE

Echelle de $\frac{1}{8.000.000}$.

DÉPARTEMENTS

Chefs-lieux de Départem^ts

Initiales des chefs-lieux d'Arrondissements.

(Voir le Cours élémentaire)

Chemins de fer princip^x

Imp. Hennet, r. Dauphine

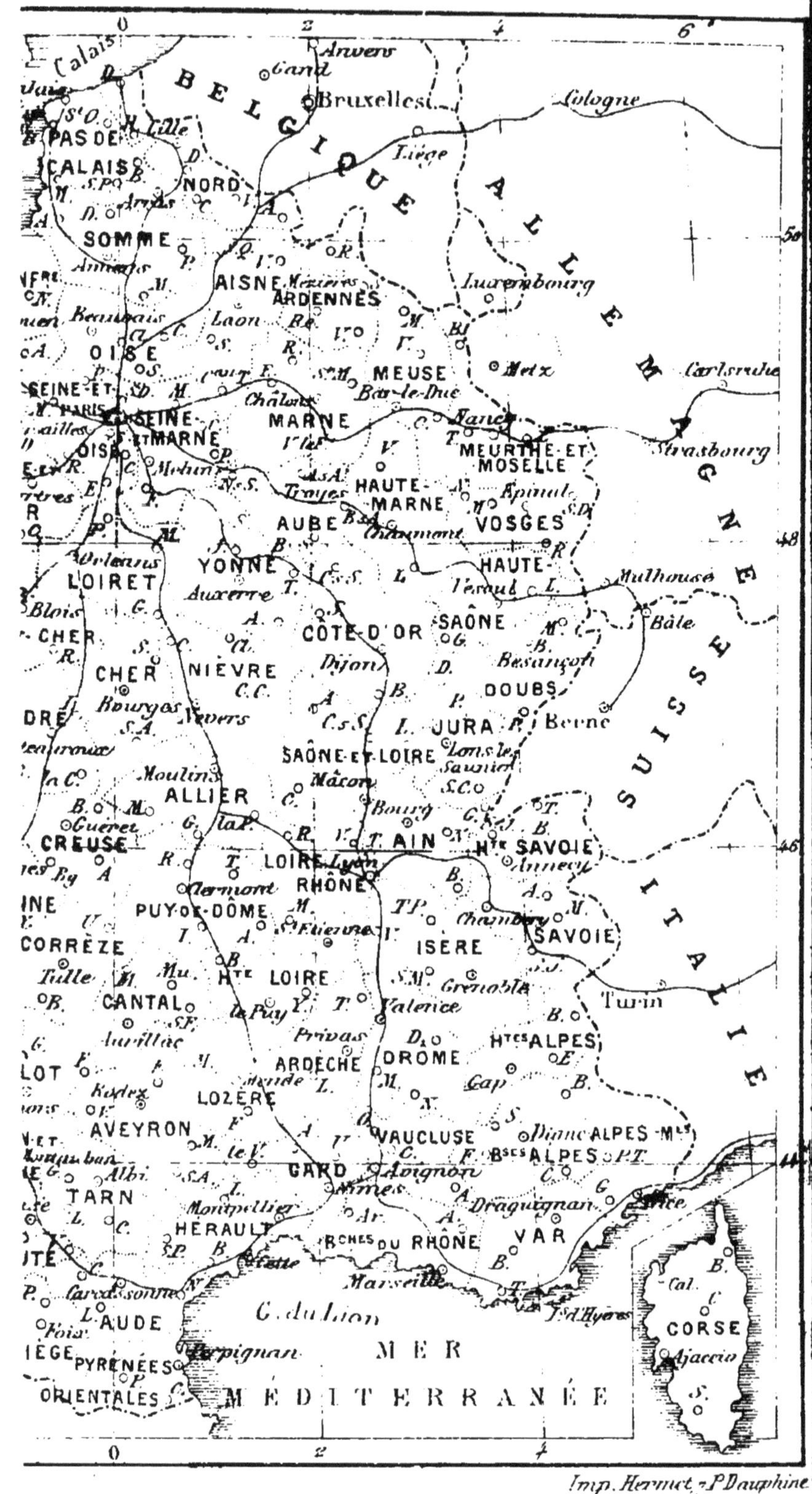

Imp. Hermet, r. P. Dauphine

FLANDRE, cap. Lille ; 1 dép.

— Nord, ch.-l. *Lille ;* s.-pr. Avesnes, Cambrai, Douai, Dunkerque, Hazebrouck, Valenciennes.

§ II. Région du NORD-EST

CHAMPAGNE, cap Troyes ; 4 dép.

1. Aube, ch.-l. *Troyes;* s.-pr. Arcis-sur-Aube, Bar-sur-Aube, Bar-sur-Seine, Nogent-sur-Seine.
2. Haute-Marne, ch.-l. *Chaumont;* s.-pr. Langres, Vassy.
3. Marne, ch.-l. *Châlons-sur-Marne;* s.-pr. Épernay, Sainte-Menehould, Reims, Vitry-le-Français.
4. Ardennes, ch.-l. *Mézières;* s.-pr. Rethel, Rocroi, Sedan, Vouziers.

LORRAINE, cap. Nancy, 3 dép.

1. Meuse, ch.-l. *Bar-le-Duc;* s.-pr. Commercy, Montmédy, Verdun.
2. Vosges, ch.-l. *Épinal;* s.-pr. Saint-Dié, Mirecourt, Neufchâteau, Remiremont.
3. Meurthe-et-Moselle, ch.-l. *Nancy;* s.-pr. Briey, Lunéville, Toul.

L'arrondissement de Belfort, faisant autrefois partie de l'Alsace, forme provisoirement un territoire distinct.

§ III. Région du NORD-OUEST

NORMANDIE, cap. Rouen ; 5 dép.

1. Seine-Inférieure, ch.-l. *Rouen;* s.-pr. Dieppe, le Havre, Neufchâtel, Yvetot.
2. Eure, ch.-l. *Evreux;* s.-pr. les Andelys, Bernay, Louviers, Pont-Audemer.
3. Calvados, ch.-l. *Caen;* s.-pr. Bayeux, Falaise, Lisieux, Pont-l'Évêque, Vire.
4. Manche, ch.-l. *Saint-Lô;* s.-pr. Avranches, Cherbourg, Coutances, Mortain, Valognes.

5. ORNE, ch.-l. *Alençon;* s.-pr. Argentan, Domfront, Mortagne.

MAINE, cap. le **Mans**; 2 dép.

1. SARTHE, ch.-l. *le Mans;* s.-pr. Saint-Calais, la Flèche, Mamers.
2. MAYENNE, ch.-l. *Laval;* s.-pr. Château-Gonthier, Mayenne.

§ IV. Région de l'OUEST

BRETAGNE, cap. **Rennes**; 5 dép.

1. ILLE-ET-VILAINE, ch.-l. *Rennes;* s.-pr. Fougères, Saint-Malo, Montfort, Redon, Vitré.
2. CÔTES-DU-NORD, ch.-l. *Saint-Brieuc;* s.-pr. Dinan, Guingamp, Lannion, Loudéac.
3. FINISTÈRE, ch.-l. *Quimper;* s.-pr. Brest, Châteaulin, Morlaix, Quimperlé.
4. MORBIHAN, ch.-l. *Vannes;* s.-pr. Lorient, Ploërmel, Pontivy.
5. LOIRE-INFÉRIEURE, ch.-l. *Nantes;* s.-pr. Ancenis, Châteaubriant, Paimbœuf, Saint-Nazaire.

ANJOU, cap. **Angers**; 1 dép.

— MAINE-ET-LOIRE, ch.-l. *Angers;* s.-pr. Baugé, Cholet, Saumur, Segré.

POITOU, cap. **Poitiers**; 3 dép.

1. VENDÉE, ch.-l. *la Roche-sur-Yon;* s.-pr. Fontenay-le-Comte, les Sables-d'Olonne.
2. DEUX-SÈVRES, ch.-l. *Niort;* s.-pr. Bressuire, Melle, Parthenay.
3. VIENNE, ch.-l. *Poitiers;* s.-pr. Châtellerault, Civray, Loudun, Montmorillon.

§ V. Région du CENTRE

ORLÉANAIS, cap. **Orléans**; 3 dép.

1. LOIRET, ch.-l. *Orléans;* s.-pr. Gien, Montargis, Pithiviers.

2. Eure-et-Loir, ch.-l. *Chartres;* s.-pr. Châteaudun, Dreux, Nogent-le-Rotrou.
3. Loir-et-Cher, ch.-l. *Blois;* s.-pr. Romorantin, Vendôme.

TOURAINE, cap. **Tours**; 1 dép.

— Indre-et-Loire, ch.-l. *Tours;* s.-pr. Chinon, Loches.

BERRY, cap. **Bourges**; 2 dép.

1. Indre, ch.-l. *Châteauroux;* s.-pr. le Blanc, la Châtre, Issoudun.
2. Cher, ch.-l. *Bourges;* s.-pr. Saint-Amand, Sancerre.

NIVERNAIS, cap. **Nevers**; 1 dép.

— Nièvre, ch.-l. *Nevers;* s.-pr. Château-Chinon, Clamecy, Cosne.

BOURBONNAIS, cap. **Moulins**; 1 dép.

— Allier, ch.-l. *Moulins;* s.-pr. Gannat, Montluçon, la Palisse.

MARCHE, cap. **Guéret**; 1 dép.

— Creuse, ch.-l. *Guéret;* s.-pr. Aubusson, Bourganeuf, Boussac.

LIMOUSIN, cap. **Limoges**; 2 dép.

1. Haute-Vienne, ch.-l. *Limoges;* s.-pr. Bellac, Rochechouart, Saint-Yrieix.
2. Corrèze, ch.-l. *Tulle;* s.-pr. Brives-la-Gaillarde, Ussel.

AUVERGNE, cap. **Clermont**; 2 dép.

1. Puy-de-Dôme, ch.-l. *Clermont-Ferrand;* s.-pr. Ambert, Issoire, Riom, Thiers.
2. Cantal, ch.-l. *Aurillac;* s.-pr. Saint-Flour, Mauriac, Murat.

§ IV. Région du SUD-OUEST

ANGOUMOIS, cap. Angoulême; 1 dép.

— CHARENTE, ch.-l. *Angoulême;* s.-pr. Barbezieux, Cognac, Confolens, Ruffec.

AUNIS, cap. la Rochelle, et SAINTONGE, cap. Saintes; 1 département.

— CHARENTE-INFÉRIEURE, ch.-l. *la Rochelle;* s.-pr. Saint-Jean-d'Angely, Jonzac, Marennes, Rochefort, Saintes.

GUIENNE, cap. Bordeaux; 6 dép.

1. GIRONDE, ch.-l. *Bordeaux;* s.-pr. Bazas, Blaye, Lesparre, Libourne, la Réole.
3. DORDOGNE, ch.-l. *Périgueux;* s.-pr. Bergerac, Nontron, Ribérac, Sarlat.
3. LOT, ch.-l. *Cahors;* s.-pr. Figeac, Gourdon.
4. AVEYRON, ch.-l. *Rodez;* s.-pr. Saint-Affrique, Espalion, Millau, Villefranche.
5. LOT-ET-GARONNE, ch.-l. *Agen;* s.-pr. Marmande, Nérac, Villeneuve-sur-Lot.
6. TARN-ET-GARONNE, ch.-l. *Montauban;* s.-pr. Castel-Sarrasin, Moissac.

GASCOGNE, cap. Auch; 3 dép.

1. GERS, ch.-l. *Auch;* s.-pr. Condom, Lectoure, Lombez, Mirande.
2. LANDES, ch.-l. *Mont-de-Marsan;* s.-pr. Dax, Saint-Sever.
3. HAUTES-PYRÉNÉES, ch.-l. *Tarbes;* s.-pr. Argelès, Bagnères-de-Bigorre.

BÉARN, cap. Pau; 1 dép.

— BASSES-PYRÉNÉES, ch.-l. *Pau;* s.-pr. Bayonne, Mauléon, Oloron, Orthez.

§ VII. Région du SUD

COMTÉ DE FOIX, cap. Foix; 1 dép.

— ARIÉGE, ch.-l. *Foix;* s.-pr. Saint-Girons, Pamiers.

ROUSSILLON, cap. **Perpignan**; **1 dép.**

— PYRÉNÉES-ORIENTALES, ch.-l. *Perpignan;* s.-pr. Céret, Prades.

LANGUEDOC, cap. **Toulouse**; **8 dép.**

1. HAUTE-GARONNE, ch.-l. *Toulouse;* s.-pr. Saint-Gaudens, Muret, Villefranche.
2. TARN, ch.-l. *Albi;* s.-pr. Castres, Gaillac, Lavaur.
3. AUDE, ch.-l. *Carcassonne;* s.-pr. Castelnaudary, Limoux, Narbonne.
4. HÉRAULT, ch.-l. *Montpellier;* s.-pr. Béziers, Lodève, Saint-Pons.
5. GARD, ch.-l. *Nîmes;* s.-pr. Alais, Uzès, le Vigan.
6. ARDÈCHE, ch.-l. *Privas;* s.-pr. Largentière, Tournon.
7. LOZÈRE, ch.-l. *Mende;* s.-pr. Florac, Marvejols.
8. HAUTE-LOIRE, ch.-l. *le Puy;* s.-pr. Brioude, Yssingeaux.

§ VIII. Région de l'EST

LYONNAIS, cap. **Lyon**; **2 dép.**

1. RHÔNE, ch.-l. *Lyon;* s.-pr. Villefranche.
2. LOIRE, ch.-l. *Saint-Étienne;* s.-pr. Montbrison, Roanne.

BOURGOGNE, cap. **Dijon**; **4 dép.**

1. AIN, ch.-l. *Bourg;* s.-pr. Belley, Gex, Nantua, Trévoux.
2. SAÔNE-ET-LOIRE, ch.-l. *Mâcon;* s.-pr. Autun, Châlon-sur-Saône, Charolles, Louhans.
3. CÔTE-D'OR, ch.-l. *Dijon;* s.-pr. Beaune, Châtillon-sur-Seine, Semur.
4. YONNE, ch.-l. *Auxerre;* s.-pr. Avallon, Joigny, Sens, Tonnerre.

FRANCHE-COMTÉ, cap. **Besançon**; **3 dép.**

1. HAUTE-SAÔNE, ch.-l. *Vesoul;* s.-pr. Gray, Lure.

2. Doubs, ch.-l. *Besançon*; s.-pr. Baume, Montbéliard, Pontarlier.

3. Jura, ch.-l. *Lons-le-Saunier*; s.-pr. Saint-Claude, Dôle, Poligny.

§ IX. Région du SUD-EST

SAVOIE, cap. Chambéry; 2 dép.

1. Haute-Savoie, ch.-l. *Annecy*; s.-pr. Bonneville, Saint-Julien, Thonon.

2. Savoie, ch.-l. *Chambéry*; s.-pr. Albertville, Saint-Jean-de-Maurienne, Moutiers.

DAUPHINÉ, cap. Grenoble; 3 dép.

1. Isère, ch.-l. *Grenoble*; s.-pr. Saint-Marcellin, la Tour-du-Pin, Vienne.

2. Drôme, ch.-l. *Valence*; s.-pr. Die, Montélimar, Nyons.

3. Hautes-Alpes, ch.-l. *Gap*; s.-pr. Briançon, Embrun.

COMTAT, cap. Avignon; 1 dép.

— Vaucluse, ch.-l. *Avignon*; s.-pr. Apt, Carpentras, Orange.

PROVENCE, cap. Aix; 4 dép.

1. Bouches-du-Rhône, ch.-l. *Marseille*; s.-pr. Aix, Arles.

2. Var, ch.-l. *Draguignan*; s.-pr. Brignoles, Toulon.

3. Basses-Alpes, ch.-l. *Digne*; s.-pr. Barcelonnette, Castellane, Forcalquier, Sisteron.

4. Alpes-Maritimes, ch.-l. *Nice*; s.-pr. Grasse, Puget-Théniers.

CORSE, cap. Ajaccio; 1 dép.

— Corse, ch.-l. *Ajaccio*; s.-pr. Bastia, Calvi, Corté, Sartène.

ALGÉRIE, cap. Alger; 3 dép.

Le département d'ALGER, ch.-l. *Alger;* s.-pr. Orléansville, Milianah, Tizi-Ouzou.

Le département de CONSTANTINE, ch.-l. *Constantine;* s.-pr. Bône, Bougie, Guelma, Philippeville, Sétif.

Le département d'ORAN, ch.-l. *Oran;* s.-pr. Mascara, Mostaganem, Sidi-Bel-Abbès, Tlemcen.

EXERCICES SUR LES DÉPARTEMENTS

En consultant la carte, dites :

1. Quels sont les départements français situés sur les frontières de la Belgique... de l'Allemagne... de la Suisse... de l'Italie... de l'Espagne...

2. Quels sont les départements maritimes baignés par la mer du Nord... par la Manche... par l'Océan... par la Méditerranée...

3. Quel est le département situé le plus au nord... le plus à l'est... le plus au sud... le plus à l'ouest...

4. Quels sont les départements situés sous le méridien de Paris... sous le 4e degré de longitude orientale... sous le 2e degré de longitude occidentale... sous le 44e et le 48e degrés de latitude septentrionale...

5. Quels départements et quelles villes traverse un voyageur qui va de Paris à Lille... de Paris à Marseille par Lyon... de Paris à Bordeaux par Tours... de Nancy à Brest par Lyon... de Bordeaux à Nice...

6. Quelle est par rapport à Paris l'orientation de Nancy... de Nantes... de Bourges... d'Arras... de Rouen... de Nice... de Rennes...

7. Quelle est l'orientation des mêmes villes par rapport à Lyon... à Nantes...

8. Citez les départements *qui tirent leur nom* de la Seine... des affluents de la Seine... de la Loire... des affluents de la Loire... de la Garonne... des affluents de la Garonne... du Rhône... des affluents du Rhône... enfin de quelqu'autre rivière...

9. Citez les départements qui tirent leur nom des Pyrénées... des Alpes... de quelqu'autre montagne...

10. Citez les départements qui tirent leur nom de quelque particularité autre que les montagnes et les rivières...

IVe PARTIE

GÉOGRAPHIE GÉNÉRALE

LA TERRE[1]

83. *Qu'est-ce que la* Terre ?

La *Terre est un astre,* aussi bien que la Lune et le Soleil. *Sa forme est ronde;* elle a 40,000 kilomètres de circonférence.

DÉTAIL SUR LA TERRE ET LES ASTRES

Quelle est la forme de la Terre?

La Terre est ronde comme une boule.

Pourquoi nous paraît-elle plate?

C'est que nous n'en voyons qu'une petite partie à la fois.

Donnez une preuve de la rondeur de la Terre.

Lorsque sur le bord de la mer on observe un vaisseau qui s'éloigne, on voit sa partie *inférieure* disparaître insensiblement, puis les voiles et enfin le haut des mâts, qui disparaissent à leur tour, comme si le vaisseau s'enfonçait sous l'eau. Donc la surface de la mer n'est pas plane.

Et si le vaisseau continue son voyage?

Il pourra revenir au port par un chemin opposé à celui du départ : il reviendra par l'ouest, s'il est parti par l'est; ce qui n'aurait pas lieu si la Terre était plane. Donc la Terre est ronde.

On peut donc faire le tour de la Terre?

Il y a chaque année beaucoup de voyageurs qui font le *tour du monde.*

Les montagnes n'altèrent-elles pas la rondeur générale du globe?

Non ; car elles sont proportionnellement à la Terre beaucoup moins sensibles que les aspérités de la peau d'une orange ou de la coquille d'un œuf.

Comment nous apparaîtrait la Terre, si nous étions sur la Lune?

La Terre nous apparaîtrait suspendue dans le ciel, ronde et brillante, comme nous y voyons la Lune.

84. *Quels sont les* mouvements de la Terre?

La Terre a deux mouvements : 1° un mouvement journalier de *rotation* sur elle-même ; 2° un mouvement annuel de *révolution* autour du Soleil.

85. *Comment représente-t-on la* Terre ?

On représente la Terre par un *globe terrestre*, et les détails de sa surface par des *cartes géographiques*.

Sur quoi donc la Terre repose-t-elle?

Elle n'est soutenue dans l'espace que par la seule puissance de Dieu, et par les lois providentielles qu'il a établies.

La Terre est-elle immobile?

La Terre exécute continuellement deux mouvements, l'un sur elle-même, l'autre autour du Soleil.

Donnez-nous une image ou une comparaison des deux mouvements de la Terre.

Une toupie tournant sur sa pointe (rotation) et décrivant un cercle (révolution), imite les deux mouvements de la Terre.

Que produit le mouvement de rotation de la Terre?

Il produit le jour et la nuit en 24 heures.

Que produit son mouvement de révolution?

Il produit les quatre saisons et les 365 jours de l'année.

Quelles sont les quatre saisons de l'année?

Le printemps, l'été, l'automne, l'hiver.

Ce n'est donc pas le Soleil qui tourne chaque jour autour de la Terre?

Non; le Soleil étant beaucoup plus gros que la Terre, la fait tourner autour de lui.

Que recevons-nous du Soleil?

Nous en recevons la chaleur et la lumière?

Et la Lune, comment tourne-t-elle?

La Lune, plus petite que la Terre, tourne autour de notre globe, qui l'entraîne autour du Soleil.

Quel service nous rend la Lune?

Elle nous éclaire pendant la nuit en nous renvoyant la lumière du Soleil.

Que sont les Etoiles?

Les Etoiles sont des astres brillants et très-volumineux, comme le Soleil; mais leur grand éloignement nous les fait paraître beaucoup plus petits.

86. *Qu'est-ce qu'un* globe terrestre?

Le *globe terrestre* est une boule ou sphère qui représente la Terre, et sur laquelle sont dessinés les différents accidents géographiques, continents, mers, etc.

Globe terrestre

87. *Qu'est-ce qu'une* carte?

Une *carte* est un plan qui représente la surface de la Terre, ou l'une de ses parties.

88. *Qu'est-ce que la* mappemonde?

La *mappemonde* est une carte représentant la sphère terrestre coupée en deux demi-boules ou *hémisphères,* l'un appelé *oriental,* l'autre *occidental.*

Points Cardinaux.

89. *Qu'est-ce que l'*horizon?

L'*horizon* est le cercle qui, bornant notre vue au loin, semble réunir le ciel et la terre.

90. *Quels sont les* points cardinaux *de l'horizon?*

Les quatre *points cardinaux* de l'horizon sont: le *nord,* le *sud,* l'*est* et l'*ouest.* — Ils sont opposés deux à deux et à angles droits.

L'EST, appelé aussi *orient* ou *levant,* est le côté du ciel où le soleil se lève.

L'OUEST, *occident* ou *couchant*, est le côté du ciel où le soleil se couche.

Le SUD, ou *midi*, est le côté du ciel où le soleil est à l'heure de midi.

Le NORD, ou *septentrion*, est le côté du ciel opposé au midi. On y trouve l'étoile polaire et les sept étoiles de la grande Ourse.

91. *Qu'appelle-t-on* points collatéraux?

Les *points collatéraux* sont des points intermédiaires aux points cardinaux. Il y en a quatre : le *nord-est*, le *nord-ouest*, le *sud-est* et le *sud-ouest*.

92. *Qu'est-ce que* s'orienter?

S'*orienter*, c'est reconnaître la direction de l'orient et des autres points cardinaux.

93. *Comment faut-il se placer pour s'*orienter?

Pour *s'orienter*, on peut se placer de manière à avoir le côté droit tourné vers le lieu du soleil levant : alors on a l'est ou *orient* à droite, l'ouest à gauche, le nord en face et le sud derrière soi.

94. *Comment sont disposés les points cardinaux sur une carte?*

Sur une carte, il est convenu de placer le N. en haut, le S. en bas, l'E. à droite et l'O. à gauche.

Lignes et Cercles de la sphère.

95. *Qu'est-ce que l'*axe *de la* Terre?

On appelle *axe* le diamètre ou ligne imaginaire autour de laquelle la Terre fait sa rotation.

96. *Qu'est-ce que les* pôles?

Les *pôles* sont les deux points extrêmes de l'axe. On distingue le pôle *nord* ou *boréal*, et le pôle *sud* ou *austral*.

97. *Qu'est-ce qu'un* méridien?

On appelle *méridien* tout grand cercle qui passe par les pôles.

98. *Quel est le premier méridien en France?*

En France, le premier méridien est celui qui passe par l'Observatoire de Paris.

99. *Comment le méridien divise-t-il la Terre?*

Un méridien partage la sphère en deux hémisphères, l'un *oriental,* du côté du levant; l'autre *occidental,* du côté du couchant.

100. *Qu'est-ce que l'*Équateur?

L'*Équateur* est un grand cercle qui passe à égale distance des deux pôles.

101. *Comment l'Équateur divise-t-il la Terre?*

L'Équateur partage la sphère en deux parties égales : *l'hémisphère septentrional* ou boréal, du côté du nord, et *l'hémisphère méridional* ou austral, du côté du sud.

Divisions du globe.

102. *Que comprend la surface du* globe?

La surface du globe présente des TERRES, ou parties solides, et des MERS, ou grandes masses d'eau salée.

Les terres se composent de trois CONTINENTS et d'un grand nombre d'îles. Elles forment les cinq PARTIES DU MONDE.

103. *Quels sont les* trois continents?

Ce sont l'*Ancien Continent,* — le *Nouveau Continent,* ou l'Amérique, — et l'*Australie* ou Continent Australien.

104. *Quelles sont les* cinq parties du monde?

L'*Europe,* l'*Asie* et l'*Afrique,* qui forment l'Ancien Continent;

L'*Amérique,* ou le Nouveau Continent;

L'*Océanie,* formée de l'Australie et d'un grand nombre d'îles.

105. *Comment divise-t-on l'*Océan?

On le divise en *cinq océans* particuliers, qui sont :

1° L'*océan Atlantique,* situé entre l'Europe, l'Afrique et l'Amérique;

2° L'*océan Pacifique* ou *grand Océan,* situé entre l'Asie et l'Amérique;

3° L'*océan Indien*, situé entre l'Afrique, l'Asie et l'Australie.

4° L'*océan Glacial du Nord,* au nord de l'Europe, de l'Asie et de l'Amérique;

5° L'*océan Glacial du Sud,* au sud de l'Afrique et de l'Amérique.

106. *Quelle est la* population *totale du globe et de chaque partie du monde?*

La population du globe dépasse 1.200.000.000 d'habitants.

L'Europe compte environ		300.000.000	d'hab.
L'Asie	—	700.000.000	—
L'Afrique	—	100.000.000	—
L'Amérique	—	90.000.000	—
L'Océanie	—	35.000.000	—

EUROPE

107. *Quelles sont les* bornes *de l'*Europe?

L'Europe est bornée au N. par l'océan Glacial boréal; — à l'E., par l'Asie (ou par les monts Ourals, le fleuve Oural et la mer Caspienne); — au S., par le Caucase, la mer Noire et la Méditerranée; — à l'O., par l'océan Atlantique.

108. *Quelles sont les* divisions politiques *de l'Europe et leurs* villes *capitales?*

A L'OUEST

1° La FRANCE, capitale *Paris;*

2° Le royaume-uni de GRANDE-BRETAGNE et d'IRLANDE, capitale *Londres;*

3° Le royaume de BELGIQUE, capitale *Bruxelles;*

4° Le royaume des PAYS-BAS, capitale *la Haye.*

AU CENTRE

5° L'empire d'ALLEMAGNE, comprenant la Prusse, capitale *Berlin;*

6° L'empire d'AUTRICHE, capitale *Vienne;*

7° La république de la SUISSE, capitale *Berne.*

AU NORD-EST

8° Le royaume de DANEMARK, capitale *Copenhague;*

9°, 10° Les royaumes de SUÈDE et de NORWÉGE, capitales *Stockholm* et *Christiania;*

11° L'empire de RUSSIE, capitale *Saint-Pétersbourg.*

AU SUD

12° Le royaume d'ESPAGNE, capitale *Madrid;*

13° Le royaume de PORTUGAL, capitale *Lisbonne;*

14° Le royaume d'ITALIE, capitale *Rome;*

15° L'empire de TURQUIE, capitale *Constantinople;*

16° Le royaume de GRÈCE, capitale *Athènes.*

109. *Quelles sont les* mers *qui baignent l'Europe?*

L'Europe est baignée par deux océans et une grande mer intérieure : l'*océan Glacial boréal*, l'*océan Atlantique* et la mer *Méditerranée*.

1° L'OCÉAN GLACIAL BORÉAL forme la mer *Blanche*.

2° L'OCÉAN ATLANTIQUE forme la mer *Baltique*, la mer du *Nord*, la mer d'*Irlande*, la *Manche* et la mer de *France*, appelée aussi golfe de *Gascogne*.

3° La mer MÉDITERRANÉE forme la mer de *Toscane* (ou Tyrrhénienne), la mer *Adriatique*, la mer *Ionienne*, l'*Archipel* (ou mer Egée), la mer de *Marmara*, la mer *Noire* et la mer d'*Azov*.

4° La mer CASPIENNE est une mer isolée; c'est le plus grand lac du globe.

110. *Citez quelques* golfes *de l'Europe*.

Dans la Baltique, le golfe de *Bothnie*, entre la Suède et la Russie; les golfes de *Finlande* et de *Riga*, en Russie.

Dans l'Atlantique, le golfe de *Gascogne*, entre la France et l'Espagne.

Dans la Méditerranée, le golfe du *Lion*, en France; les golfes de *Gênes* et de *Venise*, en Italie.

111. *Citez quelques* détroits *en Europe*.

Dans l'Atlantique et ses dépendances, le *Skager-Rack*, le *Cattegat* et le *Sund*, entre le Danemark, la Norwége et la Suède.

Le *Pas de Calais*, entre la France et l'Angleterre.

Le canal *Saint-Georges* et le canal *du Nord*, entre l'Angleterre et l'Irlande.

Dans la Méditerranée et ses dépendances, le détroit de *Gibraltar*, entre l'Espagne et l'Afrique.

Le *Phare de Messine*, entre l'Italie et la Sicile.

Le canal d'*Otrante*, entre l'Italie et la Turquie.

Les *Dardanelles* et le *Bosphore,* entre la Turquie d'Europe et la Turquie d'Asie.

Le détroit d'*Iénikalé,* entre la Crimée et la Caucasie.

112. *Citez quelques* îles *ou* archipels *en Europe.*

Dans l'océan Glacial, la *Nouvelle-Zemble,* appartenant à la Russie; — les îles *Loffoden,* à la Norwége.

Dans la mer Baltique, les îles *Seeland, Fionie* et autres îles de l'*archipel Danois;* — les îles *Oland* et *Gotland,* à la Suède; — les îles *Oesel, Dago* et *Aland,* à la Russie.

Dans l'Atlantique, l'*Islande* et les îles *Féroé,* au Danemark.

L'archipel des *îles Britanniques,* dont les principales sont la *Grande-Bretagne* et l'*Irlande.*

Dans la Méditerranée occidentale, les îles *Baléares,* à l'Espagne; — la *Corse,* à la France, — la *Sardaigne* et la *Sicile,* à l'Italie.

Dans la Méditerranée orientale, l'île de *Malte,* à l'Angleterre; — les îles *Ioniennes* et *Négrepont,* à la Grèce; — l'île de *Candie,* à la Turquie.

113. *Nommez quelques* presqu'îles *en Europe.*

La péninsule *scandinave,* comprenant la Suède, la Norwége et la Laponie; la péninsule *hispanique,* comprenant l'Espagne et le Portugal; la péninsule *italique* ou l'Italie;

Le *Jutland,* en Danemark; la *Morée,* au sud de la Grèce; la *Crimée,* au sud de la Russie.

114. *Nommez les* isthmes *remarquables d'Europe.*

L'isthme de *Corinthe,* qui joint la Morée au continent, et celui de *Pérécop,* qui unit la Crimée à la Russie.

115. *Citez quelques* caps *de l'Europe.*

Dans l'océan Glacial, le cap *Nord,* en Laponie.

Dans l'Atlantique et ses dépendances, les caps *Lindesnees*, en Norwége; le cap *Dunkansby*, en Écosse;

Le cap *Saint-Matthieu*, en France;

Le cap *Finisterre*, en Espagne;

Le cap *Saint-Vincent*, en Portugal.

Dans la Méditerranée et ses dépendances, le carp *Spartivento* et le cap *Leuca*, en Italie, — et le cap *Matapan*, en Morée.

116. *Quelles sont les grandes* chaînes de montagnes *en Europe?*

Les *Alpes*, entre la France, l'Italie, la Suisse et l'Autriche;

Le *Jura*, entre la France et la Suisse;

Les *Cévennes* et les *Vosges*, en France;

Les *Carpathes*, en Autriche;

Les *Balkans*, en Turquie;

Les *Apennins*, en Italie;

Les *Pyrénées*, entre la France et l'Espagne;

Les monts *Scandinaves* ou Dofrines, en Norwége et en Suède;

L'*Oural* et le *Caucase*, entre la Russie et l'Asie.

117. *Quels sont les* volcans *de l'Europe?*

Le *Vésuve*, près de Naples; — l'*Etna*, en Sicile, — et l'*Hécla*, en Islande.

118. *Quels sont les grands* fleuves *de l'Europe?*

1° Dans le versant de L'OCÉAN GLACIAL : la *Petschora* et la *Dwina*, au nord de la Russie.

2° Dans le bassin de la BALTIQUE : le *Niémen*, en Russie; — la *Vistule*, en Pologne, — et l'*Oder*, en Prusse.

3° Dans le bassin de la MER DU NORD : l'*Elbe*, en Allemagne; — le *Rhin*, en Suisse, en Allemagne et dans les Pays-Bas; — la *Tamise*, en Angleterre.

4° Dans le versant propre de L'ATLANTIQUE : la

Seine, la *Loire* et la *Garonne*, en France; — le *Tage*, dans la péninsule hispanique.

5° Dans le versant de la MÉDITERRANÉE : l'*Èbre*, en Espagne; — le *Rhône*, en France; — le *Tibre* et le *Pô*, en Italie.

6° Dans le versant de la MER NOIRE : le *Danube*, le second fleuve de l'Europe, qui parcourt l'Allemagne, l'Autriche et la Turquie; — le *Dniéfner* et le *Don*, en Russie.

7° Dans le versant de la MER CASPIENNE : le *Volga*, le plus long fleuve de l'Europe, en Russie; — enfin l'*Oural*, que l'on prend pour limite entre l'Europe et l'Asie.

119. *Quels sont les grands* lacs *de l'Europe?*

En Russie, le lac *Ladoga*, le plus grand de l'Europe, et le lac *Onéga;* — dans la Suède, les lacs *Wéner, Wetter* et *Mélar;* — en Suisse, les lacs de *Genève* et de *Constance*.

EXERCICES SUR L'EUROPE

1. Un navigateur va de Saint-Pétersbourg à Odessa, dites quelles mers et quels détroits il traversera.
2. Quelles îles, presqu'îles et caps il rencontrera.
3. Faites les mêmes réponses pour un voyage de retour, c'est-à-dire d'Odessa à Saint-Pétersbourg.
4. Un vaisseau marchand longe les côtes de l'Europe depuis la mer Noire jusqu'à la mer Blanche, dites quels pays il rencontrera, et quels ports il pourra visiter.
5. Quelles mers et quels pays traverserait un voyageur qui irait en ligne droite de Dublin à Constantinople?...
6. — De Gibraltar à Saint-Pétersbourg?...
7. — De Stockholm à Tunis (en Afrique)?...
8. Quels sont les pays de l'Europe baignés par la mer Baltique?... par la mer du Nord?... par la Méditerranée?...
9. Quels sont les mers ou les golfes qui baignent l'Espagne?... la France?... l'Italie?... la Turquie?... l'Allemagne?... les îles Britanniques?...
10. Quelles sont les mers qui sont mises en communication par les détroits du Sund?... du Pas de Calais?... du canal Saint-Georges?... de Gibraltar?... du Bosphore?... et par chacun des autres détroits de l'Europe?...
11. Quelles sont les îles appartenant à la France?... à l'Angleterre?... à la Russie?... à l'Espagne?... à l'Italie?...

12. Quels sont les fleuves et les montagnes de la Russie?... de l'Allemagne?... de la France?... de l'Autriche?...
13. Classez les principaux Etats de l'Europe par ordre d'étendue.
14. Indiquez les bornes particulières de la Russie... de l'Allemagne... de l'Autriche .. de la Turquie... de l'Espagne, etc...
15. Quelle est l'orientation des Etats de l'Europe par rapport à la France?... par rapport à l'Autriche?... par rapport au Danemark? .
16. Quelle est l'orientation des capitales de l'Europe par rapport à Paris?... à Vienne?... à Rome?... à Londres?

ASIE

120. *Quelles sont les* bornes *de l'*Asie?

L'Asie est bornée au N. par l'océan Glacial arctique; — à l'E., par le grand Océan; — au S., par l'océan Indien; — à l'O., par l'Europe et par la Méditerranée.

121. *Quelles sont les grandes* contrées *de l'Asie avec leurs* villes *principales?*

La SIBÉRIE, ville principale *Tobolsk*, appartenant aux Russes.

L'empire CHINOIS, capitale *Péking*.

L'empire du JAPON, capitale *Yédo*.

L'INDO-CHINE, villes principales *Hué*, *Bangkok*, *Saïgon*.

L'HINDOUSTAN, appartenant aux Anglais, capitale *Calcutta*; villes principales *Bombay* et *Madras*. — La ville de *Pondichéry* est aux Français.

Le BÉLOUCHISTAN, ville principale *Kélat*.

L'AFGHANISTAN, capitale *Kaboul*.

Le TURKESTAN, ville principale *Boukhara*.

La PERSE, capitale *Téhéran*.

La CAUCASIE, ville principale *Tiflis*, appartenant à la Russie.

La Turquie d'Asie, villes principales *Smyrne*, *Damas*, *Jérusalem*.

L'Arabie, ville principale *la Mecque*.

122. *Quelles sont les grandes* mers *de l'Asie?*

Au N., l'océan Glacial arctique;

A l'E., le Pacifique, ou grand Océan, formant la mer du *Japon* et la mer de *Chine;*

Au S., l'océan Indien, formant la mer ou golfe de *Bengale,* la mer d'*Oman* et la mer *Rouge;*

A l'O., la Méditerranée, la mer *Noire* et la mer *Caspienne.*

123. *Citez quelques* golfes *de l'Asie.*

Les golfes de *Tonkin* et de *Siam,* dans l'Indo-

Chine; — le golfe *Persique,* entre la Perse et l'Arabie.

124. *Citez quelques* détroits *de l'Asie.*

Le détroit de *Behring,* entre l'Asie et l'Amérique;

Le détroit de *Malacca,* entre la presqu'île de Malacca et l'île Sumatra;

Le détroit de *Bab-el-Mandeb,* entre l'Arabie et l'Afrique.

125. *Quelles sont les grandes* îles *de l'Asie?*

Dans le grand Océan, l'île *Nip-hon* et plusieurs autres *îles formant le Japon;*

Les îles *Formose* et *Haïnan,* appartenant à la Chine.

Dans l'océan Indien, l'île *Ceylan,* aux Anglais.

126. *Quelles sont les grandes* presqu'îles *de l'Asie?*

L'*Anatolie,* ou Asie-Mineure, entre la mer Noire et la Méditerranée;

L'*Arabie,* entre le golfe Persique et la mer Rouge;

Le *Dékan,* ou partie méridionale de l'Hindoustan, entre les mers d'Oman et de Bengale;

L'*Indo-Chine,* entre les mers de Bengale et de Chine.

127. *Quel est l'*isthme *le plus remarquable de l'Asie?*

L'isthme de *Suez,* qui joint l'Asie à l'Afrique.

128. *Quels sont les* caps *de l'Asie?*

Le cap *Oriental,* au N.-E. de la Sibérie;

Le cap *Romania,* au S. du Malacca;

Le cap *Comorin,* au S. du Dékan.

129. *Citez les grandes* chaînes de montagnes *de l'Asie.*

Les monts *Himalaya,* au nord de l'Hindoustan;

Les monts *Altaï*, en Sibérie ;
L'*Oural* et le *Caucase*, entre l'Asie et l'Europe.

130. *Citez les grands* fleuves *de l'Asie.*

1° Dans le versant de l'océan Glacial, l'*Obi*, l'*Iénisséi* et la *Léna*, en Sibérie ;

2° Dans le versant du grand Océan : en Chine, l'*Amour*, le fleuve *Jaune* et le fleuve *Bleu* ; — en Cochinchine, le *Mékong* ou Cambodge ;

3° Dans le versant de l'océan Indien : en Hindoustan, le *Gange* et l'*Indus* ; — en Turquie, l'*Euphrate* et le *Tigre*.

131. *Citez les grands* lacs *de l'Asie.*

Le lac *Caspien*, ou mer *Caspienne*, dans l'empire russe ; — le lac *Aral* et le lac *Baïkal*, dans la Sibérie.

Exercices sur l'Asie

1. En consultant la carte, faites le tour de l'Asie, par mer, du N. au S., et indiquez successivement tous les accidents géographiques traversés ou rencontrés : mers, caps, îles, pays, etc.
2. Faites le même voyage en sens inverse, c'est-à-dire du S. au N.
3. Indiquez dans quelle contrée se trouvent les montagnes, les lacs et les fleuves cités dans le chapitre de l'Asie.
4. Indiquez les bornes particulières de chacun des grands pays de l'Asie.
5. Nommez les îles, les contrées ou les villes appartenant aux Français... aux Anglais... aux Hollandais... aux Espagnols... aux Portugais...
6. Nommez les villes de l'Asie, et dites dans quel pays elles se trouvent.
7. Nommez les villes de l'Asie situées sur le bord de la mer.

Nota. *Les mêmes exercices se feront pour l'Afrique, l'Amérique et l'Océanie.*

AFRIQUE

132. *Quelles sont les* bornes *de l'Afrique?*

L'Afrique est bornée au N. par la Méditerranée; à l'E., par la mer Rouge et l'océan Indien; au S. et à l'O., par l'Atlantique.

133. *Quelles sont les grandes* contrées *et les principales* villes *de l'Afrique?*

Le Maroc, capitale *Fez;* v. pr. *Maroc;*
L'Algérie, capitale *Alger;*
La Tunisie, capitale *Tunis;*
Le Tripoli, capitale *Tripoli;*
L'Egypte, capitale *le Caire;* v. pr. *Alexandrie;*
Le Sahara, ou grand désert;
Le Soudan, v. pr. *Timbouctou;*
La Sénégambie, v. pr. *Saint-Louis,* appartenant aux Français;
La Guinée, divisée en *Guinée septentrionale* et *Guinée méridionale;*
La Colonie du Cap, capitale *le Cap,* aux Anglais;
Le Mozambique, capitale *Mozambique,* aux Portugais;
L'ile Madagascar, capitale *Tananarivo.*

134. *Quelles sont les grandes* mers *de l'Afrique?*

A l'O., l'océan Atlantique, qui forme la *Méditerranée;*
A l'E., l'océan Indien, qui forme la *mer Rouge.*

135. *Citez quelques* golfes *de l'Afrique.*

Le golfe de la *Sidre,* dans le Tripoli; — le golfe de *Guinée,* dans l'Atlantique, — et le golfe d'*Aden,* à l'entrée de la mer Rouge.

136. *Citez les* détroits *de l'Afrique.*

Le détroit de *Gibraltar,* entre le Maroc et l'Espagne; — le canal de *Mozambique,* à l'O. de Madagascar, — et le *Bab-el-Mandeb,* entre l'Abyssinie et l'Arabie.

137. *Citez les principales* îles *de l'Afrique.*

Dans l'Atlantique, les *Açores,* les *Madère,* les îles du *Cap-Vert,* appartenant aux Portugais; —

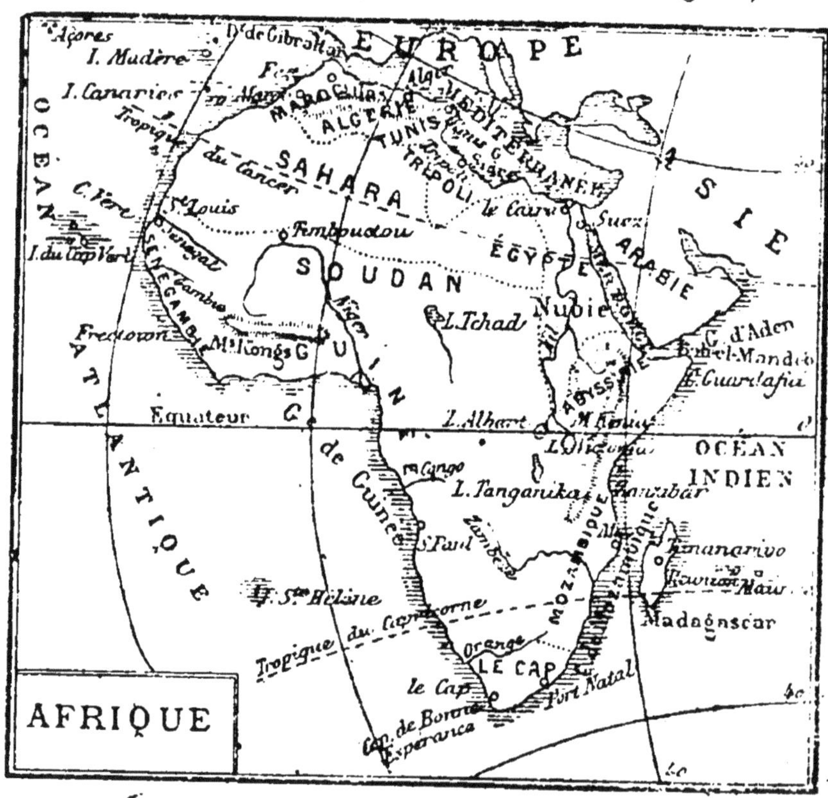

les *Canaries,* aux Espagnols; — l'île *Sainte-Hélène,* aux Anglais.

Dans l'océan Indien, la grande île de *Madagascar,* indépendante des Européens; — l'île de la *Réunion,* aux Français; l'île *Maurice,* aux Anglais.

138. *Citez un* isthme *remarquable en Afrique.*

L'Afrique est jointe à l'Asie par l'*isthme de Suez,* qui a 115 kilomètres de largeur et qui est traversé par un canal navigable.

OCÉAN
Islande
Cercle polaire arctique
OCÉAN ATLANTIQUE
I. Féroé (D)
I. Shetland (A)
Bergen
Christiania
Iˢ Orcades
Dunkansby
ILES BRITANNIQUES
Écosse
Edimbourg
M. DU NORD
C. Lindesnaes
Skager Rack
Jutland
DANEMARK
Gotha
Dublin
Irlande
Liverpool
Angleterre
C. Landsend
Londres
PAYS-BAS
Amsterdam
PRUSSE
Berlin
MANCHE
C. Sᵗ Mathieu
BELGIQUE
Bruxelles
ALLEMAGNE
Cologne
Le Havre
Paris
Nantes
Loire
Praque
Munich
FRANCE
SUISSE
Berne
Vienne
C. Finisterre
G. de Gascogne
Bordeaux
Gratz
Alpes
Turin
Milan
Trieste
Douro
PORTUGAL
Lisbonne
Ebre
Pyrénées
Marseille
Tage
Madrid
Guadiana
C. S. Vincent
ESPAGNE
Barcelone
Baléares (E)
Corse
Sardaigne
Rome
ITALIE
ADRIATIQUE
Gibraltar
MER MÉDITERRANÉE
Alger
Oran
Constantine
Tunis
ALGÉRIE
Fez
Maroc
MAROC
Monts Atlas
Sahara
TUNISIE
Sicile
Malte

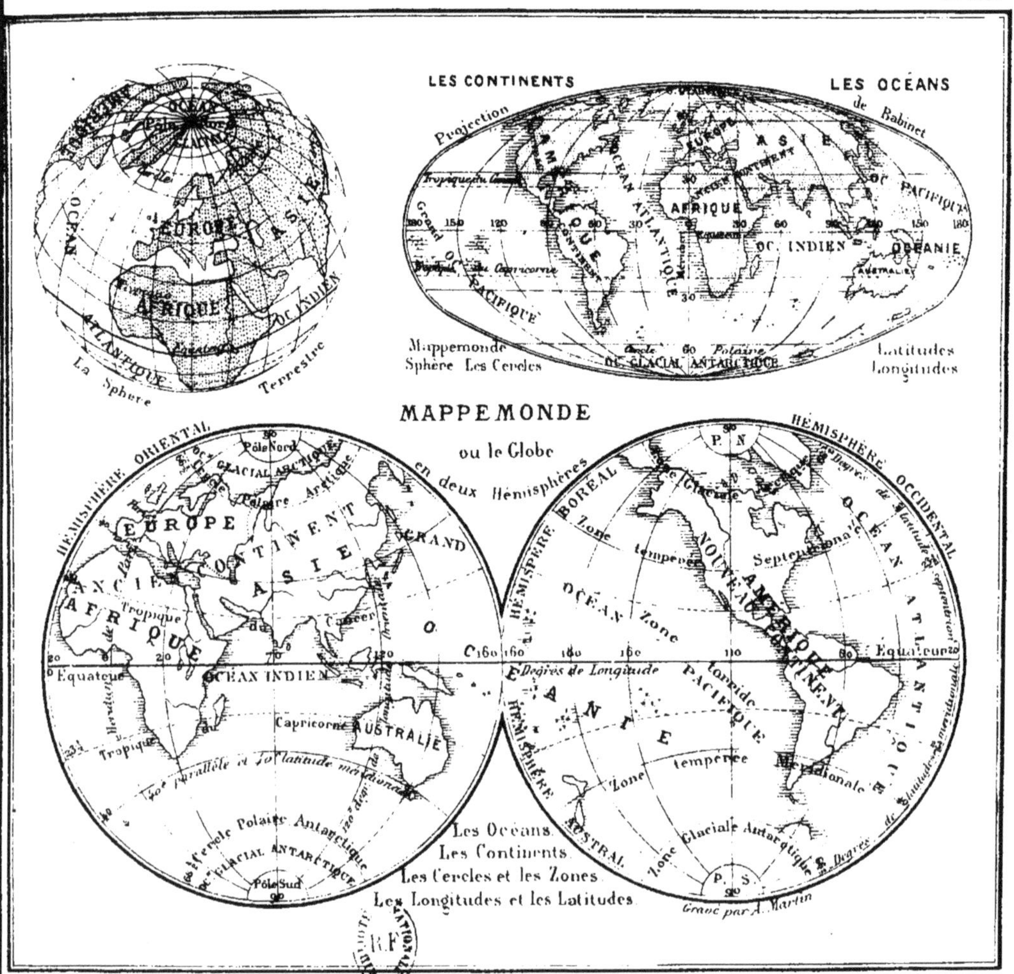

Imp Hermet, 7, P Dauphine

EUROPE
PHYSIQUE ET POLITIQUE

Echelle de $\frac{1}{33.000.000}$

- - - Limite d'Etat
.... Ligne de partage des eaux

Imp. Hermet, 7, Pas Dauphine

Imp. Hermet, 7. Pas Dauphine.

139. *Citez quelques* caps *de l'Afrique.*
Le cap *Blanc*, au N. de la Tunisie; — le cap *Vert*, à l'O. de la Sénégambie; — le cap de *Bonne-Espérance*, au S. de la colonie du Cap, — et le cap *Guardafui*, à l'E. de l'Afrique.

140. *Quelles sont les* chaînes de montagnes *de l'Afrique?*
L'*Atlas*, qui traverse le Maroc, l'Algérie et la Tunisie; — les monts *Kongs*, dans la Guinée septentrionale; — les monts de l'*Abyssinie*.

141. *Quels sont les grands* fleuves *de l'Afrique?*
Dans le versant de la Méditerranée, le *Nil*, en Egypte;
Dans le versant de l'Atlantique, le *Sénégal* et la *Gambie*, en Sénégambie; — le *Niger*, en Guinée; — l'*Orange*, dans la colonie du Cap;
Dans le versant de l'océan Indien, le *Zambèze*, dans le Mozambique.

142. *Quels sont les* lacs *de l'Afrique?*
Les lacs *Victoria* et *Albert*, traversés par le Nil-Blanc; — le lac *Tanganika*, dans la haute Afrique, — et le lac *Tchad*, dans le Soudan.

EXERCICES SUR L'AFRIQUE (*comme pour l'Asie, p. 58*)

AMÉRIQUE

143. *Quelles sont les* bornes *de l'Amérique?*
L'Amérique est bornée, au N., par l'océan Glacial du Nord; à l'E., par l'Atlantique; au S. et à l'O., par le grand Océan.

144. *Quelles sont les divisions* politiques *de l'Amérique et leurs* villes principales?
Dans l'Amérique septentrionale :

Le territoire D'ALASKA, appartenant aux Etats-Unis;

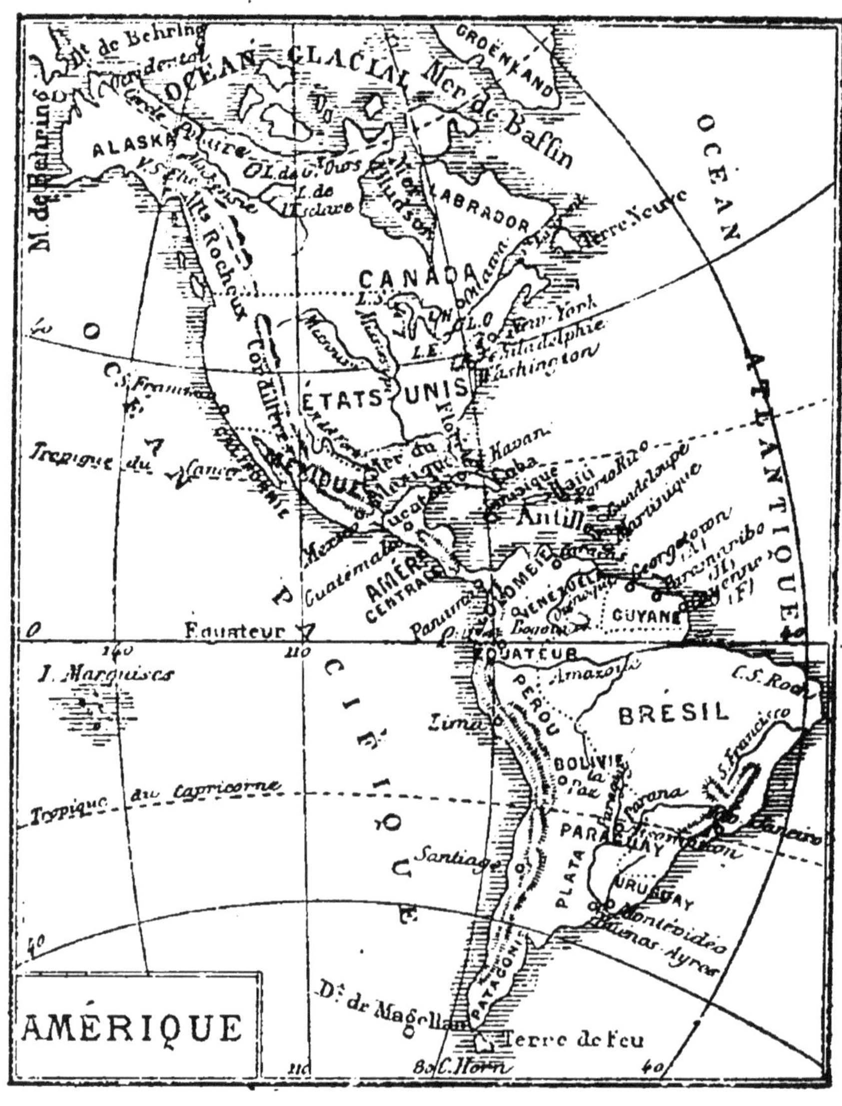

Le GROENLAND, appartenant aux Danois;

Le CANADA, capitale *Ottawa;* v. pr. *Montréal;*

Les ETATS-UNIS, capitale *Washington;* v. pr.

New-York, Philadelphie, Saint-Louis, San-Francisco.

Le MEXIQUE, capitale *Mexico;*

L'AMÉRIQUE CENTRALE, v. pr. *Guatémala;*

Les ANTILLES, v. pr. *la Havane,* dans l'île Cuba.

Dans l'Amérique méridionale :

La GUYANE, v. pr. *Georgetown,* aux Anglais; *Paramaribo,* aux Hollandais, et *Cayenne,* aux Français;

Le BRÉSIL, capitale *Rio-de-Janeiro;*

Le VÉNÉZUÉLA, capitale *Caracas;*

La COLOMBIE, capitale *Bogota;*

L'EQUATEUR, capitale *Quito;*

Le PÉROU, capitale *Lima;*

La BOLIVIE, capitale *La Paz;*

Le CHILI, capitale *Santiago;*

La PLATA, capitale *Buénos-Ayres;*

Le PARAGUAY, capitale *Assomption;*

L'URUGUAY, capitale *Montévidéo;*

La PATAGONIE, contrée presque déserte.

143. *Citez les grandes* mers *de l'Amérique.*

Au N., l'OCÉAN GLACIAL ARCTIQUE ou *boréal,* formant la mer ou baie de *Baffin;*

A l'E., l'ATLANTIQUE, formant la mer d'*Hudson,* la mer du *Mexique* et la mer des *Antilles;*

A l'O., l'OCÉAN PACIFIQUE, formant la mer de *Behring.*

144. *Citez quelques* golfes *de l'Amérique.*

Le golfe du *Saint-Laurent,* dans l'Atlantique; — le golfe de *Panama* et le golfe de *Californie,* dans le Pacifique.

145. *Citez quelques* détroits *de l'Amérique.*

Le détroit de *Behring,* entre l'Alaska et la Sibérie; — le détroit de la *Floride,* entre la Floride et l'île de Cuba; — le détroit d'*Yucatan,* entre l'Yucatan et l'île de Cuba.

148. *Nommez les principales* îles *de l'Amérique.*

Dans l'océan Glacial, le *Groenland*, appartenant aux Danois;

Dans l'Atlantique, *Terre-Neuve,* aux Anglais; — les *Antilles,* dont les principales sont : *Cuba* et *Porto-Rico,* aux Espagnols; la *Jamaïque,* aux Anglais; *Haïti,* indépendante.

149. *Nommez quelques* presqu'îles *de l'Amérique.*

Le *Labrador,* dans le Canada; — la *Floride,* dans les Etats-Unis; — le *Yucatan,* la *Vieille-Californie,* dans le Mexique.

150. *Quel est l'*isthme *remarquable de l'Amérique?*

L'isthme de *Panama,* qui joint les deux Amériques?

151. *Citez quelques* caps *de l'Amérique.*

Le cap *Saint-Roch,* à l'E. du Brésil; — le cap *Horn,* au S. de la Patagonie, — et le cap *Occidental,* au N.-O. de l'Alaska.

152. *Quelles sont les grandes* chaînes de montagnes *de l'Amérique?*

Dans l'Amérique septentrionale, les monts *Rocheux* et les *Cordillères,* qui traversent les Etats-Unis et le Mexique;

Dans l'Amérique méridionale, les *Andes* ou *Cordillères* du sud, qui traversent la Colombie, le Pérou, le Chili, etc.

153. *Quels sont les grands* fleuves *de l'Amérique?*

Dans le versant de l'océan Glacial, le *Mackensie,* qui arrose l'Amérique anglaise;

Dans le versant de l'Atlantique du Nord, le *Saint-Laurent,* qui arrose le Canada; — le *Mississipi* et son affluent le *Missouri,* dans les Etats-

Unis ; — le *Rio-del-Norte*, qui sépare le Mexique des États-Unis ;

Dans le versant de l'Atlantique du Sud, l'*Orénoque*, qui arrose le Vénézuéla; l'*Amazone* et le *San-Francisco*, dans le Brésil; — la *Plata* et ses affluents le *Paraguay* et l'*Uruguay*, dans les républiques de mêmes noms.

154. *Quels sont les grands* lacs *de l'Amérique?*

Dans l'Amérique anglaise, les lacs du *Grand-Ours* et de l'*Esclave*; — dans le Canada, les grands lacs *Supérieur*, *Michigan*, *Huron*, *Erié* et *Ontario*, qui s'écoulent par le fleuve Saint-Laurent.

EXERCICES SUR L'AMÉRIQUE (*comme pour l'Asie,* *p.* 58)

OCÉANIE

155. *Quelles sont les* bornes *de l'Océanie?*

L'Océanie s'étend à l'O. jusque vers l'Asie et l'océan Indien; à l'E., jusque vers l'Amérique; au S., jusqu'au pôle austral.

156. *Quelles sont les* divisions *et les* villes *principales de l'Océanie?*

L'Australie, ou le Continent, appartenant aux Anglais; v. pr. *Sydney* et *Melbourne ;*

La Malaisie, v. pr. *Batavia*, dans l'île Java, aux Hollandais, — et *Manille*, dans l'île Luçon, aux Espagnols ;

La Polynésie, formée d'îles nombreuses.

157. *Quelles sont les* mers *de l'Océanie?*

On remarque la mer de *Chine*, la mer de *Corail* et la mer de la *Nouvelle-Zélande.*

158. *Citez un* golfe *en Océanie.*

Le golfe de *Carpentarie*, au nord de l'Australie.

159. *Citez quelques* détroits *de l'Océanie.*

Le détroit de la *Sonde*, entre Sumatra et Java ;

— le détroit de *Torrès*, entre l'Australie et la Nouvelle-Guinée; — le détroit de *Bass*, entre la Tasmanie et l'Australie.

160. *Quelles sont les principales* îles *de l'Océanie?*

Dans la Malaisie, les îles *Philippines*, aux Es-

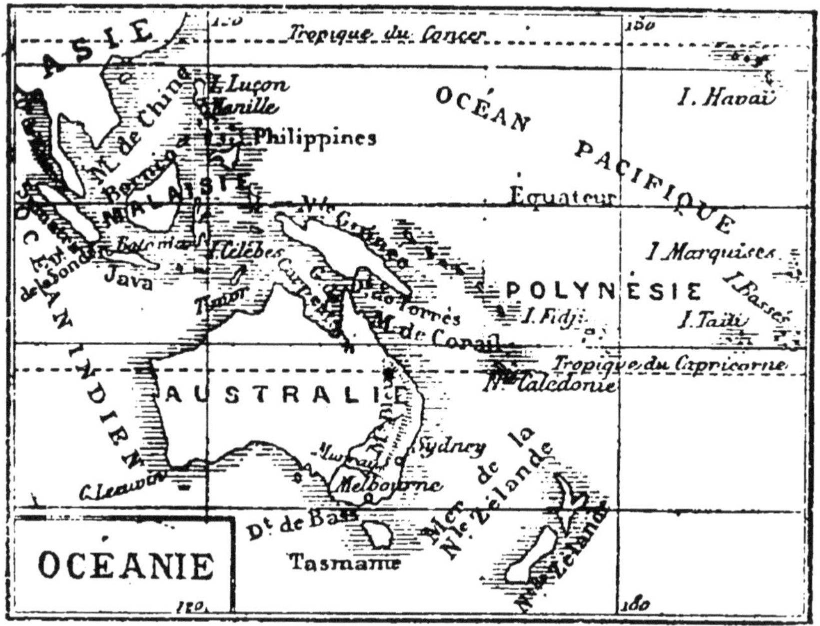

pagnols; *Bornéo, Célèbes, Sumatra* et *Java,* aux Hollandais;

Dans la Polynésie mélanésienne, la *Nouvelle-Guinée,* en partie aux Hollandais; la *Nouvelle-Calédonie,* aux Français, et la *Nouvelle-Zélande,* aux Anglais;

Dans la Polynésie propre, les îles *Fidji*, aux Anglais; les îles *Taïti* et *Marquises,* aux Français, et les îles *Havaï* ou Sandwick, indépendantes.

EXERCICES SUR L'OCÉANIE (*comme pour l'Asie, p.* 58)

LA PALESTINE

OU TERRE-SAINTE

161. *Quelle est la situation géographique de la Terre-Sainte?*

La *Terre-Sainte* ou *Palestine* est située au centre de l'Ancien-Continent, dans l'Asie occidentale et sur les bords de la mer Méditerranée. Elle fait aujourd'hui partie de l'empire Turc.

162. *Quelles sont les bornes de la Palestine?*

La Terre-Sainte est bornée au N. par les monts Libans, à l'E. par le désert de Syrie, au S. par le désert d'Arabie, à l'O. par la mer Méditerranée.

163. *Dites sa superficie et sa population.*

L'étendue de la Terre-Sainte égale à peine celle de trois départements français; sa population est d'environ 250,000 habitants.

164. *Quelles sont les montagnes intérieures de la Palestine?*

On remarque au S. les monts de Juda, auxquels se rattachent le mont *Calvaire* et le mont des *Oliviers,* près de Jérusalem; au N., le mont *Carmel,* le mont *Thabor,* etc.

165. *Quelles sont ses eaux intérieures?*

Le *Jourdain,* fleuve qui coule dans une vallée profonde, forme le lac de Génézareth ou *mer de Galilée,* puis se jette dans le lac salé et amer appelé lac Asphaltite ou *mer Morte.*

166. *Comment divise-t-on la Palestine?*

Au temps de Notre-Seigneur, on la divisait en quatre provinces :

1° La Judée, au S.-O., comprenant les tribus de

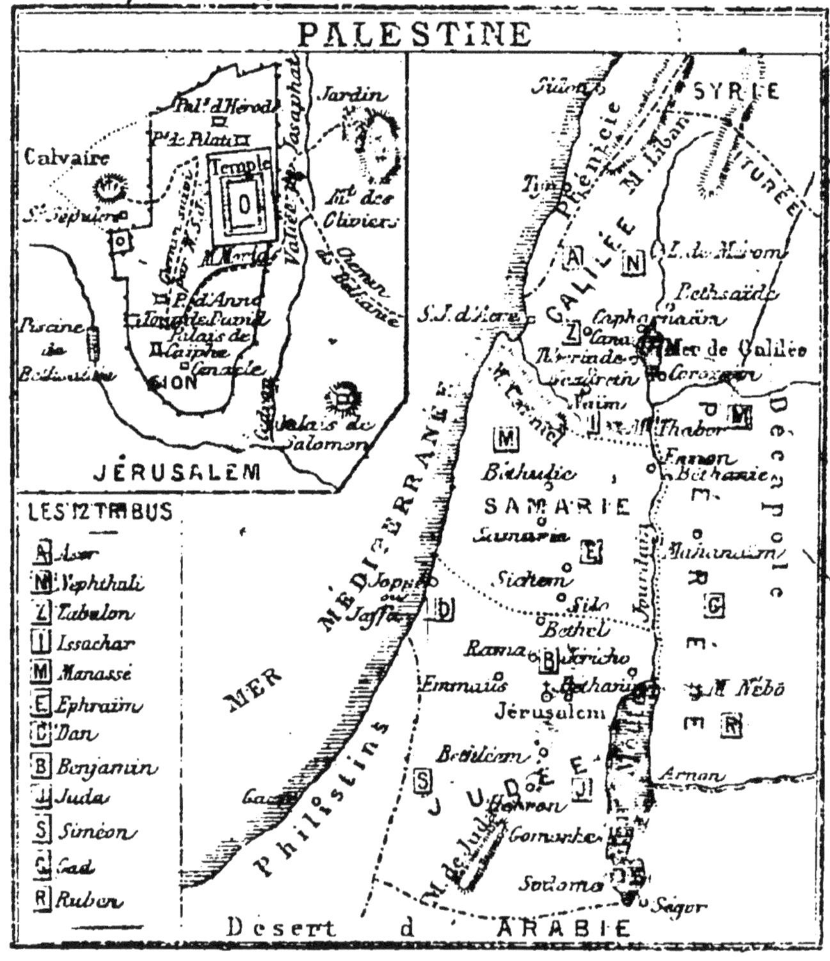

Juda, de *Benjamin*, de *Siméon*, de *Dan*, et le pays des Philistins;

2° La Samarie, au centre, comprenant les tribus d'*Ephraïm* et de *Manassé occidentale*;

3° La Galilée, au N.-O., formée des tribus d'*Issachar*, de *Zabulon*, d'*Azer* et de *Nephthali*;

4° La Pérée, à l'est du Jourdain, formée des tribus de *Manassé orientale*, de *Gad* et de *Ruben*.

167. *Quelles sont les villes ou localités les plus célèbres de la Palestine?*

1° Dans la Judée, on doit citer *Jérusalem*, la ville la plus intéressante du monde par ses souvenirs; puis *Bethléem*, *Hébron*, *Jéricho*, *Rama*, *Béthel*, *Emmaüs*, *Jaffa*, *Gaza*, etc.;

2° Dans la Samarie, *Samarie*, *Sichem*, *Salem*, *Béthulie*;

3° Dans la Galilée, *Nazareth*, *Naïm*, *Cana*, *Tibériade*, *Capharnaüm*, *Saint-Jean-d'Acre*;

4° Dans la Pérée, les villes ruinées de *Bethsaïde*, *Corozaïn*, *Béthanie*, *Mahanaïm*.

Exercices. — Rappeler quelques faits de l'Histoire sainte se rapportant aux localités citées.

FIN

TABLE DES MATIÈRES

Ire PARTIE

EXERCICES DE GÉOGRAPHIE LOCALE

IIe PARTIE

NOMENCLATURE GÉOGRAPHIQUE

IIIe PARTIE

LA FRANCE

IVe PARTIE

LA TERRE

6054. — Tours, impr. Mame.

COURS DE GÉOGRAPHIE

A L'USAGE DES ÉCOLES CHRÉTIENNES

MÉTHODOLOGIE DE GÉOGRAPHIE, appliquée au Cours élémentaire (partie du maître), in-12, 100 pages.
GÉOGRAPHIE DU COURS ÉLÉMENTAIRE, in-18, 72 pages.
GÉOGRAPHIE DU COURS MOYEN, in-16.
GÉOGRAPHIE DU COURS SUPÉRIEUR, in-12.
MANUEL DE GÉOGRAPHIE, 1re et 2e partie réunies, à l'usage des maîtres, in-12, 400 pages.
— 2e partie séparément, pour les élèves, enseignement secondaire.
NOTICE sur la carte de France.
NOTICE sur la carte d'Europe.
NOTICE sur la Mappemonde.
CONGRÈS D'ANVERS. QUESTION de l'enseignement de la Géographie.
EXERCICES CARTOGRAPHIQUES.
Cahier préparatoire N° 0, pour le Cours élémentaire.
Cahier N° 1, de 16 cartes, sur les cinq parties du monde.
Cahier N° 2, sur la France, 16 cartes.
Cahier N° 3, sur l'Europe, 16 cartes.
Cahier N° 4, sur les autres contrées du globe, 16 cartes.
FRANCE muette, en une feuille, pour les récapitulations.
ATLAS de 31 cartes modernes et anciennes.
ATLAS de 25 cartes modernes, en chromolithographie.
ATLAS de 14 cartes.
ATLAS de 8 cartes.
ATLAS petit format, 8 cartes, avec exercices et questions.
CARTES MURALES, de 2 m de largeur sur 1 m 75 de hauteur, avec Notices explicatives.
1° France hypsométrique, pour les classes supérieures.
2° France administrative, pour les classes ordinaires.
3° Europe hypsométrique.
4° Europe politique.
5° Mappemonde, avec planisphère commercial.
ATLAS MURAL, ou collection de 10 cartes murales muettes coloriées, sur papier fort, 1 m 15 sur 0, 90. Mappemonde, les cinq parties du monde, trois France, Palestine.
TABLEAU-CARTE D'EUROPE ET DE FRANCE, pour faciliter les exercices cartographiques.
ROSE DES VENTS, pour l'orientation des classes, une feuille coloriée.
PETIT RELIEF SUBMERSIBLE, pour servir à l'intelligence des Cartes hypsométriques; en plâtre, peint à l'huile.
PAYSAGE EN RELIEF, résumant les principaux accidents géographiques. En plâtre, peint à l'huile.

6820. — Tours, impr. Mame.

www.ingramcontent.com/pod-product-compliance
Ingram Content Group UK Ltd.
Pitfield, Milton Keynes, MK11 3LW, UK
UKHW020940180726
13838UKWH00003B/1052

9 782329 290430